Peter Franz

Menschen im weltweiten Widerstand gegen das deutsche Naziregime.

Eine soziologische Untersuchung

**Für die Mithilfe bei der Datensuche von Widerstandskämpfern
sei folgenden städtischen Mitarbeitern herzlich gedankt:**
Stadtarchiv Altenburg (Susan Pleintinger)
Stadtverwaltung Arnstadt
Stadtverwaltung Bad Blankenburg (Reichl)
Bürgermeister Bad Lobenstein (Steffi Wirkus)
Kreisarchiv Bad Salzungen (Susann Martina Hurtig)
Stadtarchiv Eisenach (Rene Rohne)
Archiv Erfurt (Sabine Jirschitzka-Löffler)
Stadtverwaltung Gera (Daniel Jähnichen)
Stadtarchiv Jena (Constanze Mann)
Hauptamt Pößneck (Tina Schirpke)
Stadtarchiv Rudolstadt (Manja Rabenau)
Stadtverwaltung Sömmerda (Eliana Jakob)
Stadtarchiv Sonneberg (Kathrin Steiner)m
Stadtverwaltung Suhl
Kreisverwaltung Unstrut-Hainich-Kreis (Reinz)
Sachgebietsleiterin (Andrea Keiner)

Peter Franz

Menschen im weltweiten Widerstand gegen das deutsche Naziregime.

Eine soziologische Untersuchung

(Stand vom Jahr 2024 bei rund 32.000 Personen)

Bibliografische Information der Deutschen Nationalbibliothek
Die Deutsche Nationalbibliothek verzeichnet diese Publikation in der Deutschen
Nationalbibliografie; detaillierte bibliografische Daten sind im Internet über
http://dnb.d-nb. de abrufbar.

Umschlagdesign, Satz und Verlag:
BoD – Books on Demand GmbH, In de Tarpen 42, 22848 Norderstedt

Druck: Libri Plureos GmbH, Friedensallee 273, 22763 Hamburg

ISBN 978-3-7597-5593-3

Inhalt

Vorwort von Prof. Dr. em. Manfred Weißbecker, Jena

Spurensuche und Bleibendes

Es heißt, die Geschichte werde von Menschen gemacht – zwar nicht immer aus freien Stücken, da sie in jeweilige gesellschaftliche Umstände eingebunden leben. Aber in ihrer Hand liegt Historisches und Weltveränderndes, gleich ob Erfolgreiches oder Belastendes für sie in ihrem eigenen Leben. Landläufig sieht sich diese Aussage menschengemachter Geschichte vorrangig auf herausragende Persönlichkeiten bezogen. Allein sie würden führen, könnten Weichen stellen und den Lauf der Ereignisse bestimmen. So geraten jedoch lediglich einzelne Menschen als Gestalter und Herrscher in den Blick. Weniger wird an sogenannte kleine Leute gedacht, an Beherrschte und Benutzte, kaum jedoch an jene, die – modern gesprochen – keinem Mainstream folgten und während der zwölf Jahre nazifaschistischer Diktatur im besten Sinne des Wortes Widerstand leisteten. Ihr Handeln scheint angesichts eines furchtbaren Regimes, seines Raub- und Vernichtungskrieges und seines rassistischen Völkermordes vergeblich zu sein – weder konnte die Herrschaft der NSDAP gebrochen noch der Zweite Weltkrieg verhindert werden.

Doch es ist ein ehrenvoller und zu würdigender Platz, den alle Widerständigen in Bild von der realen Geschichte einnehmen. Dazu trägt der Autor des vorliegenden Materials bei. Er schaut auf das Denken und Handel jener Menschen, die oftmals ohne Namen geblieben sind, aber im Ringen um das Bewahren von Menschlichkeit der nazifaschistischen Herrschaft widerstanden und selbst ihr Leben einsetzten, um Kriege zu verhindern bzw. sie zu beenden. Ihnen setzt Peter Franz ein Denkmal der besonderen Art, ein notwendiges und ansprechendes sowie gelungenes.

Ausgehend von unhinterfragten Behauptungen – aufgestellt in politischen Zusammenhängen – über den Anteil bestimmter Personengruppen am antifaschistischen und antimilitaristischen Widerstand, begab sich der Vf. auf die Suche nach Zahlen der Widerständigen sowie nach deren Herkunft, Motiven und Taten – weltweit und nicht in den früher oft gewählten Begrenzungen auf die deutsche Geschichte. Bei seiner Spurensuche geriet er in Bereiche, die in der Widerstandsliteratur oftmals nur angedeutet oder sogar unbeachtet geblieben sind.

Der Leser kann erfahren, dass und wie unterschiedlich Menschen auf demokratiefeindliche, terroristische und kriegssüchtige Herausforderungen durch den deutschen Faschismus reagiert haben, um vor sich selbst bestehen zu können. Sie setzten so bemerkenswerte Zeichen nichtfaschistischen Denkens und Handelns. Sie hinterließen Spuren in der Geschichte, deren Bedeutsamkeit deutlich in den zahlreichen Übersichten und Tabellen aufscheint.

Im Blick auf die Geschichte geht nichts verloren, es sei denn, es würde bewusst verloren gegeben. Hier wird Bemerkenswertes und Bedeutendes aus der Geschichte des Widerstandes gegen Faschismus und Krieg dank sorgsam statistischer Erhebungen ans Licht fördert, damit es nicht leichtfertig in den Hintergrund gedrängt oder gar verloren geht, das verlangt große Anerkennung für das vom Autor Geleistete. Seine umsichtig, sorgfältig und penibel erarbeiteten Aussagen bereichern ein humanistisches Weltbild.

Vielen Dank, lieber Peter Franz!

1. Einleitung

Vor vielen Jahren kam ich mit einem Bekannten ins Gespräch über die Frage, wer wohl den Hauptanteil des Widerstands gegen die Nazidiktatur getragen hat. Ich äußerte ihm gegenüber die Meinung, dass sicher der Anteil der Kommunisten am Widerstand der größte gewesen sei. Dieser Mann – genau wie ich als Christ beheimatet in der CDU der DDR – wollte diese Behauptung nicht gelten lassen. Er meinte, dass die Hervorhebung des kommunistischen Widerstands eine der bekannten Propagandathesen der regierenden SED sei. Stattdessen habe der christliche und kirchliche Widerstand einen noch größeren Anteil am Kampf gegen das Terrorregime gehabt. Ich tat ihm darauf meinen Zweifel an seiner Behauptung kund, aber beharrte nicht auf einer tiefer gehenden Nachfrage – auch weil ich merkte, dass ich für meine Behauptung keinen stichhaltigen Nachweis vorbringen konnte.

Dieses Gespräch, das jetzt über 40 Jahre zurück liegt, habe ich nie vergessen. Und weil mich die fehlende Begründung für meine damalige Behauptung nie losgelassen hat, habe ich mich endlich daran gemacht, anhand der mir vorliegenden Fakten ein quellengestütztes Erscheinungsbild vom Widerstand gegen den Nazifaschismus in all seinen Facetten zu erarbeiten. Dem soll die vorliegende Untersuchung dienen.

2. Zur Definition des Begriffs »Widerstand«

Das Material, auf das ich mich stütze, ist (Stand von 2024) eine Sammlung von etwa 32.000 Lebensdaten von Menschen aus fast 100 Nationalitäten, die sich in irgendeiner Weise gegen die NSDAP und ihr Regime widerständig verhalten haben. Daraus bereits ist ersichtlich, dass ich einen facettenreichen Widerstandsbegriff vertrete. Denn widerständiges Verhalten reicht vom mündlichen Widerspruch über kleine oder größere Handlungsformen bis hin zum Beitritt in eine vorhandene oder die Gründung einer neuen Widerstandsgruppe und die Vorbereitung und Durchführung von Störaktionen, Sabotage, ja bis hin zu Anschlägen zur Tötung von Naziführern. Dazu gehören nach meiner Meinung aber auch Versuche bis hin zur erfolgreichen Rettung von Personen, die unter tödlichem Verfolgungsdruck der Nazimachthaber standen wie Juden, Sinti und Roma, Kranke und Behinderte, Homosexuelle sowie Zwangsarbeiter und ihre Kinder. Zum Widerstand zähle ich auch Personen, die durch kulturelle Ausdrucksformen wie Musik, Texte, Malerei, Bildende Kunst usw. ihre Ablehnung der Völkischen und Nationalisten zum Ausdruck brachten (und das schon nach dem Ende des Ersten Weltkriegs 1918) oder durch ihr Verständnis von Religion (Jehovas Zeugen) oder die kriminalisierte Art ihrer Sexualität (Homosexuelle bzw. nach heutiger Begrifflichkeit »queere Identität«) vom Naziregime bekämpft wurden. Ich möchte aber ausdrücklich betonen, dass ich die zahlenmäßig größte Gruppe von Widerstandskämpfern hier nicht in Betracht ziehen kann, die den höchsten Anteil am Widerstand hatten: die Soldaten der alliierten Staaten, die von 1939 bis 1945 gegen die militärische Macht Nazideutschlands bis zu seiner Niederringung mit den höchsten Opferzahlen gekämpft haben.

Halten wir fest:

Antifaschistischer Widerstand liegt vor, wenn jemand die menschenfeindliche Zielsetzung des sogenannten »Nationalsozialismus« erkannt hat und etwas dagegen unternehmen will durch …

... frühzeitige Beobachtung der Methoden seines Aufkommens, der Zielsetzung und Hintergründe der dabei verfolgten Absichten. Wissenschaftler, Schriftsteller und Künstler haben ihre diesbezüglichen Erkenntnisse in Büchern, Schriften, Briefen, Zeitungsartikeln usw. veröffentlicht. Autoren haben in ihren Romanen, Drehbüchern und Gedichtbänden ihre Befürchtungen ausgebreitet, gewarnt und polemisiert. Künstler haben in Gemälden, Ausstellungen, Plastiken und Filmen ihre Warnungen öffentlich gemacht. Deshalb beginnt die Relevanz dieser Äußerungen bereits kurz nach dem Ersten Weltkrieg, mindestens seit 1920.

Antifaschistischer Widerstand liegt vor, indem ...

... Menschen sich in antifaschistischen Parteien, Gruppen und Kreisen mit ihrer Person, ihren Überzeugungen und Haltungen beteiligten. Sie gerieten dabei in Auseinandersetzungen im gesellschaftlichen Raum mit den Gruppen und Kreisen, die von Nazis in den Jahren der Weimarer Republik frühzeitig aufgebaut, in Gang gesetzt und als Drohkulisse einerseits, andererseits zur Werbung unpolitischer Bürger finanziert und ausgestattet haben: Völkisch-nationalistische Freikorps, militärische Verbände, 1925 die NSDAP, die SA (deren Sturmabteilung), die SS (deren Schutzstaffel), 1926 auch die HJ (Hitlerjugend) und der BDM (Bund Deutscher Mädel). In diesen Jahren seit 1925 war das gesellschaftliche Klima im Land durch permanente Auseinandersetzungen zwischen Faschisten und Antifaschisten geprägt. Dabei wurden nicht nur Überzeugungen und Programmpunkte heftig diskutiert, sondern dazu kamen in steigendem Maße auch verbale sowie gewaltsame Auseinandersetzungen bis hin zu strafbewehrten Körperverletzungen und Ermordungen.

Zwar wurde hin und wieder auch Gewalt von Links gegen Rechts ausgeübt, jedoch benutzte die völkische und nationalistische Rechte bewusst und gewollt Gewalt gegen Menschen als Hauptinstrument ihrer Aktionen. Der politische Publizist Emil Julius Gumbel zählte in der Republikzeit von 1919–1922 bei der Ausübung von Mordtaten das Verhältnis von Rechts zu Links mit 354 zu 22. Welche Motivationen die Widerständler bei ihrem Kampf gegen die kommende und dann auch die vollendete Nazidiktatur erfüllt haben, ist ein Hauptgegenstand dieser Untersuchung. In meiner Namens-Liste werden den handelnden Personen immerhin 10 Spalten für Motivationen eingeräumt, so dass sich ein vielgestaltiges Bild des Gesamtwiderstands abzeichnet. Mit den nummerierten Spalten-Überschriften »Motiv« werden jedoch nicht nur persönliche Antriebe, sondern auch politische Beteiligungen, Mitgliedschaften und Aktionen in Parteien, Gruppen und Kreisen festgestellt.

Antifaschistischer Widerstand liegt vor, wo ...

... auch der Einzelne durch eine einfache Geste oder Tat der Menschlichkeit das rassistische System des Nazismus durchbrochen hat: der heimlich weiter erzählte Hitler-Witz, der gereichte Becher Wasser für den dürstenden, aber unberührbaren polnischen Zwangsarbeiter, der zugesteckte Kanten Brot für die russische Rüstungsarbeiterin oder die flüsternd weitergegebene Nachricht aus dem BBC-Sender oder Radio Moskau über die Veränderungen an der Front – all das konnte auch zum Tode des Helfers führen! Widerstand war es, wenn nicht-jüdische Menschen jüdischen Personen Obdach, Versteck oder Flucht vor ihren Verfolgern gewährten – so die Tausende, die Yad Vashem als »Gerechte unter den Völkern« nach dem Untergang des Nazireiches auszeichnete.

3. Die Liste der Widerstand Leistenden

Ich möchte betonen, dass die rund 32.000 Personen, auf die sich meine Untersuchung (Stand von 2024) stützt, wahrscheinlich nur die KLEINERE Zahl unter den Widerständlern darstellt. Die Zahl der Personen, die aus unterschiedlichsten Gründen bisher im Dunkeln blieb und vielleicht für immer bleiben wird, ist wahrscheinlich wesentlich größer, weil ihr widerständiges Leben und Handeln nirgendwo protokolliert wurde oder weil sie unter den unterschiedlichsten Bedingungen zu Tode gekommen sind und dieser Tod nirgends beurkundet wurde. Die mir vorliegende Sammlung von 32.000 Personen-Biografien habe ich unter folgenden Mindest-Kriterien zusammengetragen:
- den Vor- und Zunamen
- das bekannte Geburts- oder Todesjahr, besser Geburts- oder Todesdatum
- die Nationalität
- die Motivation zu ihrem Widerstand
- die Bindung an eine Widerstandsgruppe oder mehrere
- natürlicher oder gewaltsamer Tod
- Ort des Überlebens nach dem Untergang der Nazidiktatur

Bei einer beträchtlichen Zahl von Personen konnten leider nicht alle Kriterien festgestellt werden. So fehlt bei manchen der Geburts- oder Todestag oder eine oder mehrere registrierte Zahlen der entsprechenden Daten. Auch über die Todesart konnte bei vielen Personen keine Angabe gemacht werden, ebenso zu ihrem Überlebensort.

Die Angabe zu einer Motivation des/der Betreffenden war mir besonders wichtig, weil sie etwas aussagt zu der mir wesentlich scheinenden Feststellung einer zahlenmäßig gestützten Angabe über das summarische Gewicht der so oder so handelnden Personen. Ich habe dabei zugrunde gelegt ihre Parteizugehörigkeit während der Zeit der Weimarer Republik oder das religiöse Bekenntnis der betreffenden Personen. Dabei fiel mir besonders auf, dass eine Reihe von Personen, besonders aus dem protestantischen Glaubensbereich, aus sehr unterschiedlichen Motivationen zu ihrer oppositionellen Haltung gefunden hat. So ist bei manchen Personen als Motivation ihre Mitgliedschaft in der Nazipartei angegeben, aber gleichzeitig in einer Widerstandsgruppe die Bekennende Kirche. Hier handelt es sich um die Besonderheit, dass es diesen Personen nicht um eine grundsätzliche Ablehnung des NSDAP-Programms ging, sondern lediglich um die Abwehr einer Geltung von NS-Grundsätzen INNERHALB der Kirchen.

Zum Verständnis der Personenlisten ist es zunächst nötig, die Registersprache zu erkennen und diese umstandslos zu lesen und zu verstehen. Wichtig sind dabei die von mir festgelegten AKRONYME (Abkürzungen) zu kennen. In den Excel-Listen-Übersichten erscheinen neben den Personen-Namen diese alphabetisch geordneten Akronyme:

MOTIVE, ANTRIEBE UND HANDLUNGSGRUPPEN	AKRONYM
A	
Abwehr, deutscher militärischer Geheimdienst	ABWEH
Action catholique de la jeunesse française, katholische Aktion der französischen Jugend	ACAJEF
Action catholique ouvrière, katholische Arbeiteraktion	ACATOU
Agrupación de guerrilleros españoles, Spanische Freiwillige in Frankreich	AGUES
Aktion »Rote Faust« in Mecklenburg	AKROFA
Aktion Nationaler Widerstand in der Schweiz	ANAWIS
Aktion Rheinland	AKRHEI
Aktion Winter, 1934 in »Österreichische Arbeiter-Aktion« (Ö.A.A.) umbenannt	AKWINT
Albanische Nationale Befreiungsarmee	ALNABE
Alianza de intelectuales Antifascistas para la Defensa de la Cultura, spanische Widerstands-Organis.	ALIADC
Ali-France, belgisches Netzwerk (auch Caviar)	ALIFBE
Allgemeine Arbeiter-Union	ALARUN
Allgemeine Arbeiter-Union-Einheitsorganisation, rätekommunistische Organisation	AAUNE

MOTIVE, ANTRIEBE UND HANDLUNGSGRUPPEN	AKRONYM
Allgemeiner Deutscher Gewerkschaftsbund (ADGB)	ADGB
Allgemeiner Jüdischer Arbeiterbund in Litauen, Polen und Russland	AJÜAB
Altonaer Blutsonntag, Ausschreitungen mit 18 Todesopfern 1932	ALBLUS
Alweraje, Widerstandsgruppe in Luxemburg	ALWER
Amsterdamer Antifaschistischer Kongress	ADAKO
Anarchismus	ANARCH
Andreas-Hofer-Bund in Südtirol	ANHOB
Antifaschistische Freiheitsbewegung Österreichs (AFÖ)	AFFRÖ
Antifaschistische Kampforganisation, Litauen (AKO)	AKOLI
Antifaschistische Union Bulgariens	AFUB
Antifaschistischer Rat der Volksbefreiung Mazedoniens	ARVOM
Antifaschistisches Komitee Freies Deutschland, auf dem Balkan tätig	AKOFD
Antifa-Schule war eine Kurzbezeichnung für die Antifaschistischen Frontschulen	ANFASC
Antifašističko v(ij)eće narodnog oslobođenja Jugoslavije, Antif. Rat d. Nation. Befreiung Jugoslawiens	AVNOJ
Anti-Hitler-Bewegung Österreichs	ANHIBÖ
Antinazistische Dt. Volksfront, Widerstandsgruppe München	ANDEV
ArbeidarPartiet, Norwegische Arbeiterpartei	ARBPA
Arbeiter der Aguddat-Israel	ARAGI
Arbeiter- und Soldatenrat	ASORA
Arbeiter-Musikverein	ARMUVE
Arbeiterradfahrerbund »Solidarität«	ARSO
Arbeiter-Radio-Bund Deutschlands	ARABUD
Arbeiter-Samariter-Bund Deutschland e. V. (ASB)	ARSAB

MOTIVE, ANTRIEBE UND HANDLUNGSGRUPPEN	AKRONYM
Arbeitersängerbund	ASÄBU
Arbeiter-Turn-und Sportbund	ATUSB
Arbeiterwohlfahrt e. V. (AWO)	AWO
Arbeitsgemeinschaft Erwin von Beckerath	AGEVB
Arbeitskreis für kirchliche Fragen beim NKFD	ARKIF
Armée de libération du Soudan (ALS)	ARLISU
Armee der USA	ARM-US
Armée secrète, Geheimarmee des belgischen Widerstands	ARMS
Armia Krajowa, Polnische Heimatarmee, der polniscchen Exilregierung verpflichtet	ARKRA
Associazione Nazionale Partisigiani d'italia, Nationale Vereinigung der Partisanen Italiens	ANPIT
Assoziation revolutionärer bildender Künstler Deutschlands	ASSO
Aufruf 17 von Vinzenz Müller und weiteren Generälen zur Desertation	AUFR 17
Aufruf 50 von deutschen Generälen und Offizieren an Volk und Wehrmacht	AUFR 50
Augsburger Freiheitsbewegung, organisierten friedliche Übergabe der Stadt 1945	AUFRE
Auslandsvertretung der österreichischen Sozialisten	AVÖSS
Austrian Labor Committee, Vertretung österreichischer Sozialisten in den USA	ALACO
B	
Balli Kombetar, Albanien, dt. Nationale Front	BALKO
Bästlein-Jacob-Abshagen-Gruppe, kommunistische Hamburger Widerstandsgruppe	BÄJAG
Bataillons de la jeunesse, junge PCFR-Anhänger	BATJE
Bataliony Chłopskie, polnische Bauernbataillone (BCh)	BATCH

MOTIVE, ANTRIEBE UND HANDLUNGSGRUPPEN	AKRONYM
Bekennende Kirche, 1934 gegründete antinazistische protestantische Bewegung	BEKIR
Belgisch Geheim Leger, geheime größte belgische Widerstandsgruppe	BEGEL
Belgische Arbeiterpartei (BAP), sozialistische Partei	BEARB
Belgische Socialistische Partisij (BSP), Nachfolgerin der BAP	BELSOP
Bewegung »Freies Österreich«	BEFRÖ
Bewegung »Freies Deutschland« in der Schweiz	BFD-CH
Bewegung »Freies Deutschland« in den USA	BFD-US
Bewegung Freies Deutschland	BFREID
Bewegung Freies Deutschland im Mexico	BFD-M
Bewegung Freies Deutschland in UK	BFD-UK
Bielski-Partisanen, jüdische Flüchtlinge die gegen die Nazis kämpften	BIELP
B'nai B'rith, hebr.: Söhne des Bundes	BNAIB
Bolschewistische Einheit	BOLEI
Borgerlige Partisaner, dänische Widerstandsgruppe	BORPA
Bosch-Kreis um Robert Bosch	BOKRE
Bratskoje Sotrudnitschetswo Wojennoplennych, Brüderliche Zusammenarbeit d. Kriegsgefangenen	BRASO
Brigades spéciales, Polizei gegen Juden und Widerstandskämpfer	BRISPE
Brigate Garibaldi	BRIGAR
Brit Schalom, pazifistischer Verband in Palästina	BRITSCH
Britische Amee, Beitritt deutscher Exilanten	BRITA
Brotfabrik Germania, SPD-Widerstandsnetz	BROGE
Bulgarische Kommunistische Partei	BUKOPA
Bund demokratischer Sozialisten	BUDESO

MOTIVE, ANTRIEBE UND HANDLUNGSGRUPPEN	AKRONYM
Bund der deutschen katholischen Jugend	BDKAJU
Bund der Freunde der Sowjetunion (BdFSU)	BUFSU
Bund der Kommunisten Jugoslawiens	BUKOJU
Bund der Kommunisten Kroatiens	BUKROA
Bund der Kriegsdienstgegner	BUKRIG
Bund der religiösen Sozialisten Deutschlands	BRELSO
Bund Deutscher Mädel	BDM
Bund für den bewaffneten Kampf, polnische Widerstandsgruppe	BUBEW
Bund für proletarische Kultur	BUPROK
Bund Neudeutschland, katholisch	BUNEUD
Bund Neues Vaterland	BUNEUV
Bund Neuland	BUNEUL
Bund proletarisch-revolutionärer Schriftsteller Deutschlands	BUPROS
Bureau central de renseignements et d'action, Zentralbüro für Information und Aktion	BUREAC
Bürgermorde von Altötting, sog. Endphaseverbrechen April 1945	BÜMAÖ
C	
Calcium, tschechische Widerstandsgruppe	CALC
Camouflage du matériel, Räuber von Wehrmachtsmaterial (CDM)	CADUMA
Central-Verein deutscher Staatsbürger jüdischen Glaubens	CEVES
Československá strana národně socialistická, tschechische Reformistisch-sozialistische Partei	CESTSO
Ceux de la Libération, Personen der Befreiung in der RESI	CEULIB
Ceux de la Résistance Personen des Widerstands in der RESI	CEURES
Christliche Arbeiterjugend, belgische Widerstandsgruppe	CHAJ

MOTIVE, ANTRIEBE UND HANDLUNGSGRUPPEN	AKRONYM
Christlich-Soziale Reichspartei (CSRP)	CSREPA
Christlich-Soziale Volksdienst (CSVD)	CSOVOD
Christopher-Gruppe Bruchsal, oppositionelle katholische Jugendgruppe	CRIBRU
Chug Chaluzi, jüdischer Pionier-Kreis	CHUCHA
Churchill Club im dänischen Widerstand	CHUKL
Colonies françaises du Pacifique, franz. für die französischen Pazifikkolonien	COFRAP
Combat, Kampfgruppe in der RESI	COMB
Combat Zone Nord Kampfgruppe in der RESI	COZON
Comitato di Liberazione Nazionale (CLN), ital. Komitee der nationalen Befreiung	COLIN
Comité Allemagne libre pour l'Ouest (CALPO), Komitee Freies Deutschland für den Westen	CALPO
Comité d'action socialiste (COMSO) , Sozialistisches Aktionskomitee	COMSO
Comité français de Libération nationale, frz. Komitee für die nationale Befreiung	COFLI
Comité national des écrivains, Schriftstellerkomitee der RESI	CONEC
Comité national des prisonniers de guerre (CNPG), Nationalkomitee der Kriegsgefangenen	CONPRI
Commandement des forces terrestres (CFT), Helikopter-Kommando	COFOTE
Communist Partisy of Great Britain (CPGB)	COPAG
Communistische Partisij van Nederland	COPANE
Compagnon de la Libération, Mitarbeiter der Befreiung	CODLI
Confederacion Nacional del Trabajo, span. Konföderation anarchosyndikalistischen Gewerkschaften	CONAT

MOTIVE, ANTRIEBE UND HANDLUNGSGRUPPEN	AKRONYM
Confédération française des travailleurs chrétiens, Bund christlicher Arbeiter	COFRAC
Confédération générale du travail unitaire (CGTU), Allgemeiner Gewerkschaftsbund	COGETU
Confrérie Notre Dame, Nachrichtendienst in der RESI	CONOD
Conseil national de la Résistance, Nationaler Widerstandsrat	CONAR
Cooperativa italiana, Emigrantentreffpunkt in Zürich/Schweiz	COOPIT
Corps Franc Pommiès, Widerstandsgruppe von André Pommiès	COFRAP
Corps-franc de la Montagne Noire (CFMN), Pfadfinder im Korps Montagne Noire	COFRAM
Corps-Franc, frz. Kommando der Führungsspitze der RESI	FRANC
Council for a Democratic Germany, Rat für ein demokratisches Deutschland	CODEG
Counter Intelligence Corps, US-Nachrichtendienst	CIC
CS-6, niederländische Widerstandsgruppe	CS-SECHS
D	
Danmarks Kommunistiske Parti	DAKOPA
Danska brigaden, dänische militärische Einheit vor Kriegsende	DANSB
Danz-Schwantes-Gruppe, kommunistische Gruppe in Magdeburg	DANZ
Das Andere Deutschland, Zeitg. f. republikanische pazifistische Politik, hrsg. Dt. Friedensgesellschaft	DAAND
De Zwarte Hand, belg. Schwarze Hand	DEZWA
Defätistische Äußerungen in Wort und Schrift	DEFÄT
Défense de la France, Widerstand der Nördlichen Zone Frankreichs	DEFRA
DEGEWO Deutsche Gesellschaft zur Förderung des Wohnungsbaues	DEGEWO

MOTIVE, ANTRIEBE UND HANDLUNGSGRUPPEN	AKRONYM
Delegazione per l'assistenza degli Emigranti Ebrei, ital. Hilfsorganisation für jüdische Immigranten	DELAS
Délégué militaire régional, Militär-Delegierter der RESI	DEMIRE
Demokratische Deutsche Frauenbewegung in Mexiko	DEDEFIM
Desertation aus der Wehrmacht, mit Todesstrafe bedrohter Kriegsverrat	DESER
Deutsch-Amerikanischer Kultur-Verband	DEAKU
Deutsche Christen (DC), nazistisch aufgeladene protestantische Glaubensgruppe	DEUCH
Deutsche Demokratische Partei, linksliberale Partei	DDP
Deutsche Fortschrittspartei (DFP), erste deutsche Programm-Partei	DEFOPA
Deutsche Freiheitspartei, in Paris 1937 gegründete antinazistische Oppositionspartei	DEFREP
Deutsche Friedensfront, gegr. Von Hanno Günther, verbreitete Anti-Hitler-Schriften	DEFRIF
Deutsche Friedensgesellschaft, politische Pazifisten und Kriegsdienstverweigerer	DEFRIG
Deutsche Jugendkraft, katholischer Sportverband	DEJUKR
Deutsche Jungenschaft vom 1. November 1929, Jungenbund in Wandervogel-Tradition	DEJUN
Deutsche Liga für Menschenrechte	DELIM
Deutsche Liga für den Völkerbund	DELIVÖ
Deutsche sozialdemokratische Arbeiterpartei in der Tschechoslowakischen Republik	DESAT
Deutsche Volksfront, sozialistische Widerstandsgruppe um Hermann Brill	DEVOF
Deutsche Volkspartei, nationalliberale Partei	DVP
Deutscher Fabrikarbeiterverband	DEFABA

MOTIVE, ANTRIEBE UND HANDLUNGSGRUPPEN	AKRONYM
Deutscher Freiheitsbund	DEFREI
Deutscher Kulturbund (DKB)	DEKUBU
Deutscher Metallarbeiter-Verband (DMV)	DEMEV
Deutscher Republikanischer Reichsbund	DERER
Deutscher Textilarbeiter-Verband	DETEX
Deutsches Friedenskartell (DFK) 1922–1929	DEFRIK
Deutsches Jungvolk, Abteilung der Hitler-Jugend (HJ)	DEJUVO
Deutschnationale Volkspartei	DNVP
Die große Weiße, katholisch orientierte Gruppe	DIGROW
Direction du personnel militaire de l'Armée de terre (DPMAT)	DIPMAT
Direction Générale des Etudes et Recherches (DGER), Kriegsnachrichtendienst	DIGER
Division des archives des victimes des conflits contemporains (DAVCC), Opfer-Archiv	DAVCC
Division française libre	DIFRAL
Dobrudschaner Revolutionäre Organisation	DOREVO
Dutch-Paris, Fluchtnetzwerk im Zweiten Weltkrieg	DUPAF
Douanes françaises, frz. Zoll	DOFRA
E	
Éclaireurs israélites de France, frz. Freie jüdische Jugend Frankreichs	ECLIF
Edgar-Jung-Kreis	EDJUK
Eestimaa Kommunistlik Partei, 1920 bis 1990 führende kommunistische Partei Estland	EEKOPA
Ehrenfelder Gruppe, Kölner Widerstandsgruppe	EHREN
Einheitsfront	EINFRO
Einheitsverband der Bergarbeiter Deutschlands (EVBD)	EVBED

MOTIVE, ANTRIEBE UND HANDLUNGSGRUPPEN	AKRONYM
Einheitsverband der Eisenbahner Deutschlands (EdED)	EDED
Einheitsverband der Metallarbeiter Berlins (EVMB)	EMEAB
Einigungsbund für Reformatorisches Christentum	EREFC
Eisenbahn-Gewerkschafter um Hans Jahn	EIBAG
Eiserne Front, Zusammenschluss SPD-naher Widerstandsgruppen	EIFRO
Ellinikós oder Ethnikós Laikós Apelevtherotikós Stratós, griechische Volksbefreiungsarmee	ELAS
Emergency Rescue Committee, Hilfsorganisation für europäische Flüchtlinge in Frankreich	EMRECO
Empacher-Krause-Gruppe, Stettiner Widerstandsgruppe	EMKRA
Englandspiel, Gescheiterte Partisanenaktion der Niederlande	ENGLA
Entschiedene Linke (EL)	ENTLI
Ethniko Apelevtherotiko Metopo, griechische Befreiungsfront	ETHAM
Ethnikos Demokratikos Ellenikos, etwa: volksdemokratische Partei	EDES
Etter-Rose-Hampel-Gruppe, 1936 entstandene Gruppe jugendlicher Antifaschisten	ETROH
Europäische Union, 1943 gegründete Widerstandsgruppe für ein sozialistisches Europa	EURUN
Evangelische Gemeinschaften, alle nachreformatorischen Kirchen und Gemeinschaften	EVAN
Exekutivkomitee der Kommunistische Internationale, Führungskreis der 3. Internationale	EXKOI
F	
Fareinikte Partisaner Organisatije, jüdische Partisanen	FARPO
Fédération protestante de France (FPF)	FEPROF
Fédération sportive et gymnique du travail (FSGT)	FESPOG

MOTIVE, ANTRIEBE UND HANDLUNGSGRUPPEN	AKRONYM
Fight for Freedom, US-Gruppe für den Kriegseintritt der USA	FIFFRE
Flucht vor Zwangs-und Todessituationen	FLUCHT
Föderation Kommunistischer Anarchisten Deutschlands (FKAD)	FÖKAD
Forces françaises combattantes (de Gaulle)	FOFCO
Forces françaises de l'intérieur, dt. Französische Streitkräfte im inneren)	FOFIN
Forces Francaises Libres	FOFLI
Forces unies de la jeunesse patriotique (FUJP)	FUJEP
Franc Libre	FRALIB
Francs-tireurs et Partisans – main d'œuvre immigrée, Immigranten-Bewegung der FTP	FTP-MOI
Franc-Tireur	FRATIR
Französische Liga für Menschenrechte	FRALM
Französisches Komitee für die nationale Befreiung kurz COFLi	FRAKO
Free Austrian Movement, dt.: Freiheits-Bewegung von Exil-Österreichern in UK	FRAMO
Free German League of Culture in Great Britain (FGLC)	FREGELE
Free Germany Movement in Great Britain	FREGMO
Freiburger Kreis	FREIK
Freie Arbeiter-Union Deutschlands	FAUD
Freie Deutsche Bewegung GB	FDB-UK
Freie Deutsche Bewegung Lateinamerika	FDB-LA
Freie Deutsche Jugend	FDJ
Freie Deutsche Jugend in der CSR	FDJ-CS
Freie Deutsche Jugend in Frankreich	FDJ-F
Freie Luftwaffe, frz. Freischärler	FAFL

MOTIVE, ANTRIEBE UND HANDLUNGSGRUPPEN	AKRONYM
Freie sozialistische Jugend	FRESO
Freier Deutscher Kulturbund in UK	FREDEKU
Freies Hamburg-Gruppe	FREHA
Freies Österreich	FREÖS
Freiheitsaktion Bayern	FREBAY
Freikorps	FREIKO
Freitod	FREIT
Freundeskreis um Heinrich Roos, Wiesbaden	FROOS
Friedensbund der Kriegsteilnehmer (FdK)	FRIKRI
Friedensbund Deutscher Katholiken (FDK)	FRIBU
Friedenspartei 1943–1944	FRIEPA
Front de l'indépendance (Fi), belg. Unabhängigkeitsfront	FROLIN
Front national de l'indépendance de la France, Nationale Front der Unabhängigkeit Frankreichs	FRONI
Front patriotique de la jeunesse (FPJ)	FROPJE
Front populaire	FROPO
Führungscharakter, in RESI gebräuchlich: »KFNB« (Lokomotiv-Typ bei der Eisenbahn)	FÜHRCH
Funke-Gruppe oder Landau-Gruppe	FUNKE
Funktionäre der Kommunistischen Internationale	F-KOMI
G	
Gaullistisch resistant	GAULL
Gegen den Strom, trotzkistische Widerstandsgruppe	GESTRO
Geheime Feldpolizei (GFP)	GEFEPO
Geheime Staatspolizei, Gestapo	GESTAPO
Gemeinschaft für Frieden und Aufbau	GEFAU

MOTIVE, ANTRIEBE UND HANDLUNGSGRUPPEN	AKRONYM
Gemeinschaft für sozialistisches Leben	GESOL
Gerechte unter den Völkern	GUDV
Gesellschaft der Freunde des neuen Rußland	GEFRU
Geuzen oder der Geuzenverzet (Geuzenwiderstand), niederländische Widerstandsgruppe	GEUZE
Gewerkschaftlicher Freiheitsbund gegen das Hakenkreuz	GEFRE
Gewerkschaftsfraktion (1933)	GEFRA
Giustizia e Libertà, dt.: Gerechtigkeit und Freiheit, italienische Widerstandsgruppe	GIULI
Glawnoje Raswedywatelnoje Uprawlenije (GRU)	GRU
Goerdeler-Kreis	GOERK
Gossudarstwennoje polititscheskoje uprawlenije	GPU
Grimelundskretsen, norwegische Widerstandsgruppe	GRIMES
Groepen van internationale Communisten, Gruppe internationaler Kommunisten GIK	GRICO
Großösterreichische Freiheitsbewegung österreichische Widerstandsgruppe	GRÖFB
Groupe de reconnaissance de division d'infanterie (GREDiN)	GREDIN
Groupe général de sabotage de Belgique, belgische Allgemeine Sabotagegruppe	GRUSA
Gruppe »Bir Hakeim«	GRUBH
Gruppe Arbeiterpolitik	GRAPO
Gruppe Aschauer, München	GRASCH
Gruppe Internationale	GRUINT
Gruppe Manouchian, Partisanen der Resistance	GRUMA
Gruppe Otto Nelte	GRONEL
Gruppe Schulze-Boysen-Harnack	GRUSCH

MOTIVE, ANTRIEBE UND HANDLUNGSGRUPPEN	AKRONYM
Gruppe Soldatenrat, österreichische Widerstandsgruppe	GRUSOR
Gruppe Westerweel, Niederländischer Widerstand	GRUWE
Gruppi d'Azione Patriottica (GAP), it. Patriotische Aktionsgruppen	GRUAP
Gruppi di defesa della donna, it. Frauengruppe zur Partisanenunterstützung	GRUDE
Gwardia Ludowa, dt.: Volksgarde Polens	GWALU
H	
Hachschara, Vorbereitung von Juden auf die Alija	HACH
Haganah	HAGA
Hamburger Aufstand	HAAUF
Hannoveraner Komitee, Widerstandsorganisation sowjetischer Kriegsgefangener	HANKO
Harnier-Kreis	HARKE
Hartwimmer-Olschewski-Gruppe	HAOLG
Hashomer Hatzair, Der junge Wächter, internationale sozialistisch-zionistische Jugendorganisation	HAHAT
Haus- und Grundbesitzer-Verband	HAGRUB
Hechaluz (hebräisch he-Chalūtz, deutsch ›Der Pionier‹)	HECHA
Heinrich Roos-Freundeskreis Gesinnungsgemeinschaft in Wiesbaden	HEROOF
Heinrich-Heine-Klub, Verein von deutschen Exilanten in Mexiko	HEINE
Herbert-Baum-Gruppe	HEBAU
Herbert-Bogdan-Gruppe, dt. kommunistische Widerstandsgruppe	HEBOG
Het Parol, niederländische Untergrundzeitung	HETPA
Hitler-Attentäter	HITAT

MOTIVE, ANTRIEBE UND HANDLUNGSGRUPPEN	AKRONYM
Hitlerjugend	HJ
Hjemmefrontens Ledelse, norwegische Heimatfront	HJELED
Holger Danske-Widerstandsgruppe in Dänemark	HODAN
Hukbo ng Bayan Laban sa mga Hapon, Antijapanische Volksarmee der Philippinen	HUBKA
Hutzelmann-Gruppe, München	HUTZE
Hvidsten-Gruppe, dänische Widerstandsgruppe im Zweiten Weltkrieg	HVIDS
I	
Interalliierte Mission R2	IMI R2
International Falcon Movement, sozialistische Erziehungs-Internationale	INFAMO
International Fellowship of Reconciliation, IFOR	IFOR
Internationale Arbeiter-Assoziation	INASS
Internationale Arbeiterhilfe, Vorläufer der Roten Hilfe	INAHI
Internationale Brigaden im spanischen Bürgerkrieg	INBRI
Internationale Gewerkschaft der Nahrungsmittelarbeiter	INGENA
Internationale Gewerkschaftsverbände	INGEW
Internationale Kommunisten Deutschlands, trotzkistische linke Opposition der KPD	INKOD
Internationale Liga für Menschenrechte	INLIM
Internationale Liga gegen Rassismus und Antisemitismus	INLIRA
Internationale Militär-Organisation im KZ Buchenwald	IMO
Internationale Rote Hilfe (IRH; auch bekannt unter dem russischen Akronym МОПР)	INROH
Internationale Sozialisten Deutschlands (ISD)	INSOD
Internationale Transportarbeiter-Föderation (ITF)	INTRA

MOTIVE, ANTRIEBE UND HANDLUNGSGRUPPEN	AKRONYM
Internationale Vereinigung der Kommunistischen Opposition	INVEKO
Internationaler Bund der Opfer des Krieges und der Arbeit	IBOKA
Int. gewerkschaftl. Widerstandskreis der Lithographen u. Steindrucker gegen den Nationalsozialismus	INGWIL
Internationaler Jugendbund	INJUBU
Internationaler Schriftstellerkongresses zur Verteidigung der Kultur in Paris 1935	INSCH
Internationaler Sozialistischer Kampfbund	INSOK
Internationales antifaschistisches Komitee	INAKO
Irgun Brith Zion	IRBRIZ
Italia Libera, Freies Italien	ITLIB
Italienische Partisanen	PA-IT
J	
Jeunesse ommuniste	JEUCO
Jeunes Socialistes, belgischer Jugendwiderstand	JEUSO
Jeunesse ouvrière chrétienne (JOC), französische Christl. Arbeiter-Jugend	JEOCH
Jochen Bock-Gruppe	JOBO
Judenretter	JUDR
Jüdische Brigade	JÜBRI
Jüdische Herkunft	JÜDI
Jüdische Kampforganisation	JÜKAOR
Jüdischer Frauenbund	JÜFRA
Jüdischer Widerstand	JÜDWI
Jüdisches Antifaschistisches Komitee	JÜAK
Jugoslawische Volksbefreiungsarmee und Jugoslawische Partisanen	JUPA

MOTIVE, ANTRIEBE UND HANDLUNGSGRUPPEN	AKRONYM
Jungbanner Schwarz-Rot-Gold, Kurzbezeichnung Jungba	JUBAN
Jungdeutscher Orden	JUNGDO
Jung-Spartakus-Bund (JSB), Kinderorganisation der KPD für Kinder im Alter von 10 bis 14 Jahren	JUSPAB
K	
Kaiser/Riegraf-Gruppe, sozialistisch Heilbronn	KAIRIE
Kameradschaftsbund konservativer Böhmer	KAKOB
Kampf dem Faschismus, Hamburger Widerstandsgruppe	KADFA
Kampfbund gegen den Faschismus	KAGFA
Kampfbund um Erich Prenzlau, Widerstandsgruppe in Berlin	KAMEP
Kampffront Schwarz-Weiß-Rot	KAFRO
Kampfgemeinschaft für rote Sporteinheit	KAROSP
Katholisch motiviert	KATH
Katholische Aktion	KATAK
Katholische Sturmschar	KASTU
Katholische Arbeiterbewegung (KAB)	KATAR
Kaufmann-Will-Kreis gegen Adolf Hitler gerichtete bürgerliche Gruppe in Gießen	KAWILL
Kindertransporte	KINTRA
Kirchl-Trauttmansdorff-Gruppe, österreichische Widerstandsgruppe	KITRA
Knöchel-Seng-Gruppe	KNÖSE
Knokploeg Zuid-Limburg, niederländische Widerstandsgruppe	KNOKZU
Kölner Kreis, ziviler Widerstandskreis im Westen Deutschlands im politischen Katholizismus	KÖLK
Komitee deutscher Antifaschisten in Kuba	KODEAK
Komitee für Proletarische Einheit	KOPRE

MOTIVE, ANTRIEBE UND HANDLUNGSGRUPPEN	AKRONYM
Комитет государственной безопасности (KGB) 2	KOGBES
Kommounistikó Kómma Elládas, kurz K.K.E.	KOKOEL
Kommunistesch Partei Letzebuerg	KOPALE
Kommunistische Arbeiterpartei Deutschlands	KAPD
Kommunistische Arbeiter-Union Deutschlands, rätekomm. Org. i. d. Endphase d. Weimarer Republik	KAUD
Kommunistische Arbeitsgemeinschaft (KAG)	KOARG
Kommunistische Internationale	KOMINT
Kommunistische Jugend Griechenlands	KOJUG
Kommunistische Jugendinternationale KJI	KOJUIN
Kommunistische Jugendliga	KOJULI
Kommunistische Jugend-Opposition	KOJUOP
Kommunistische Partei Chinas	KOPACHI
Kommunistische Partei der Schweiz	KOPSCH
Kommunistische Partei der Slowakei	KOPASLO
Kommunistische Partei der Sowjetunion	KPDSU
Kommunistische Partei der Türkei	KOPATÜ
Kommunistische Partei der USA	KP-USA
Kommunistische Partei Deutschlands	KPD
Kommunistische Partei Deutschlands (Opposition)	KPD-O
Kommunistische Partei Finnlands (1918)	KOPFI
Kommunistische Partei Griechenlands	KOPGRI
Kommunistische Partei Jugoslawiens	KOPAJU
Kommunistische Partei Luxemburgs	KOPALUX
Kommunistische Partei Norwegens	KOPNO
Kommunistische Partei Österreichs	KPÖ

MOTIVE, ANTRIEBE UND HANDLUNGSGRUPPEN	AKRONYM
Kommunistische Partei Polens	KOPAPO
Kommunistische Partei Russlands	KOPARU
Kommunistische Politik (GKP) Gruppe	KOMPOL
Kommunistische Räte-Union	KORÄUN
Kommunistische Universität des Ostens	KOMUNO
Kommunistische Universität des Westens	KOMUNWE
Kommunistischer Jugendverband Deutschlands	KJVD
Kommunistischer Jugendverband Österreichs (KJV)	KOJUÖS
Komunistická strana Československa	KOSCES
Komunistická strana Slovenska (1939), Kommunistische Partei der Slowakei	KOSSLO
Konspiration, verdeckt / im Untergrund tätig sein	KONSP
Konsumgenossenschaft	KONGEN
Kreisauer Kreis	KREISAU
Kulturbund Deutscher Juden	KUDEJU
Kunstschaffende	KUNST
Kuomintang Chinas	KUOCHI

L	
Lados-Gruppe oder Berner Gruppe	LADOS
Landelijke Knokploegen (LKP), niederländische Kampfgruppen	LAKNO
Landelijke Organisatie voor Hulp aan Onderduikers (LO)	LANOG
Langhorst-Gruppe in Dresden	LANGHO
Lateinamerikanisches Komitee der Freien Deutschen	LAKOFD
Lechleiter-Gruppe	LECHLE
Lega insurrezionale italia Libera	LEGITLI
Legaliteti, albanischer Widerstand mit Königstreue	LEGAL

MOTIVE, ANTRIEBE UND HANDLUNGSGRUPPEN	AKRONYM
Legion belge	LEBEL
Leis-Breitinger-Gruppe im Raum Frankfurt/M	LEIBREI
Leninbund	LENBU
Leninschule	LESCHU
Les iffs est une commune française en région Bretagne	LIFFS
Lesbian Gay Bisexual und Transgender	LESGIBT
Lëtzeburger Freihétskämpfer	LETZEB
Lëtzeburger Patriote Liga (LPL)	LEPALI
Leva Fronta	LEFRO
Libération Nord, Personen der Befreiung in der RESI	LINORD
Libération Sud, Personen der Befreiung in der RESI	LIBSUD
Libérer et Fédérer; Befreien und Föderieren	LIBFED
Lietuvos komunistų Partisija	LIKOPA
Liga der Jungen Kommunisten Jugoslawiens	LIJUKJU
Liga gegen den Imperialismus	LIGEIM
Ligue des droits de l'Homme, frz. Liga für Menschenrechte	LIDROH
Linke Kommunisten	LINKOM
Linke Opposition der KPD (Bolschewiki-Leninisten)	LINOBO
Linke Opposition der KPD (Landau-Gruppe)	LINOLA
Literatur	LITERA
Lunterse Kring (Lunterner Kreis), Niederländische Gruppe	LUNKRI
Lutetia-Kreis zur Bildung einer Deutschen Volksfront	LUTKRE
M	
Mannhart-Gruppe	MANHA
Maquis de Bir Hacheim	MABIHA
Maquis, im frz. Rückzugsgebiet kämpfende Freischärler	MAQUIS

MOTIVE, ANTRIEBE UND HANDLUNGSGRUPPEN	AKRONYM
Marche sur l'erre, frz. Kämpfer zu Fuß	MARLE
Marine royale (italie)	MAROY
Marxistische Arbeiterschule	MASCH
Marx-Lenin-Luxemburg-Front	MALELU
Meinerzhagener antifaschistische Widerstandsgruppe	MEINER
Mémorial de la Shoah	MEDSH
Menschenretter	MENRET
Militärischer Apparat der KPD	M-APP
MILORG, konspirativer Widerstand der norwegischen Armee	MILORG
Mitteldeutscher Aufstand	MIAUF
Molodaja Gwardia	MOGWA
MOT-DAG, kommunistische norwegische Intellektuelle	MOT-DAG
Mouvement Jeunes Communistes de France	MOJCOF
Mouvement de libération nationale, mouvement des résistance français créé début 1944	MOLINA
Mouvement des Jeunesse Sioniste, junge Zonisten	MOJESI
Mouvement Jeunes Communistes de France	MOJCOF
Mouvement national des prisonniers de guerre et déportés	MOUNAP
Mouvement républicain populaire, Partisi démocrate-chrétien	MOREP
Mouvements unis de la Résistance (MUR) Vereinigte Résistance	MOURES
Musée de l'Homme, dt.: Museum des Menschen, Geheimdienstnetzwerk	MUHOM
Musikschaffende	MUSIK
Muslim	MUSLIM

MOTIVE, ANTRIEBE UND HANDLUNGSGRUPPEN	AKRONYM
N	
Narodowa Demokracja, nationalistische konservative und antisemitische Gruppe	NARDEM
Narodowe Siły Zbrojne, dt.: Nation. Streitkräfte, poln. antikommunistische u. nationalistische Gruppe	NARSILZ
Nationaal Comité van Verzet	NACOF
Nationalkomitee Freies Deutschland	NKFD
Nationalsozialistische Deutsche Arbeiterpartei	NSDAP
Nationalsozialistische Volkswohlfahrt	NSV
Nationalsozialistisches Kraftfahrkorps (NSKK)	NSKK
Naturfreunde Internationale	NAFRINT
Nederlandsch Vrouwen Comité	NEVROC
Nederlandse Binnenlandse Strijdkrachten, dt.: Niederländische Inlands-Streitkräfte	NEDBIS
Nehrling-Eberling-Gruppe	NEHREB
Nemo, tschechische Widerstandsgruppe	NEMO
Netzwerk 2A, Norwegischer Widerstand von 1941-43	NETZ-2A
Neu Beginnen-Gruppe	NEUBEG
Neubauer-Poser-Gruppe	NEUPOS
Neues Freies Österreich	NEUFÖS
Norwegian Independent Company No. 1	NOINCO
O	
O5, Kürzel der bekanntesten österreichischen Widerstandsgruppe	O-FÜNF
Obrana národa, Verteidigung der Nation, nichtkommunistische CS-Widerstandsgruppe	OBNAR

MOTIVE, ANTRIEBE UND HANDLUNGSGRUPPEN	AKRONYM
Œuvre de secours aux enfants, Medizinische Hilfe für jüdische Kinder	OESEEN
Office of Strategic Services (OSS), Vorläufer der CiA	OFFSS
Onkel-Emil-Gruppe	EMIL
Open Source Center, US-amerikanischer Nachrichtendienst	OPSOCE
Operation Radetzky Gruppe, österreichischer Gegner des NS-Regimes	OPRAG
Ordedienst (OD), Widerstandsbewegung in den von Deutschland besetzten Niederlanden	ORDED
Organisation Civile et Militaire der Resistance	ORCIMI
Organisation de résistance de l'armée (ORELA), paramilitär. Widerstandsorganisation der Armee	ORELA
Organizacja Wojskowa Wilki	ORWOW
Orthodoxe Kirche	ORTH
Österreichische Freiheitsbewegung, Name von zwei kath.-konservativen Widerstandsgruppen	ÖFBEW
Österreichische Freiheitsfront, kommunistische Widerstandsgruppe in Belgien	ÖFFRO
Österreichische Liga für Menschenrechte	ÖLIME
Österreichische Unabhängigkeitsbewegung, ab Nov. 1943 auch Österreichische Freiheitsfront	ÖSUNB
Österreichischer Kampfbund	ÖKABU
Ossola, Italienische Partisanenrepublik	OSSOLA
Osvald Group, dt.: Osvald-Gruppe, aktivste Sabotagegruppe in Norwegen	OSVAG
Osvobodilna Fronta OF, dt.: Befreiungsfront der slowenischen Nation	OSFRO
Out Distance, tschechische Kampforganisation	OUTDIS

MOTIVE, ANTRIEBE UND HANDLUNGSGRUPPEN	AKRONYM
P	
Panellinio Sosialistiko Kinima	PASOK
Panhellenische Union der kämpfenden Jugend	PANUNK
Parczew-Partisanen, jüdische Widerstandsgruppe	PARPAR
Parole, der Name einer Widerstandsgruppe in Berlin-Neukölln	PAROL
Parsifal, tschechische Widerstandsgruppe im Protektorat Böhmen und Mähren	PARSIF
Partei der Arbeit Albaniens	PARAL
Partei der Arbeit der Schweiz (PdA)	PARARS
Parti communiste francais, Kommunistische Partei Frankreichs	PCF
Parti de l'istiqlal (Pi), marokkanische Unabhängigkeitspartei	PALIS
Parti Ouvrier Belge (POB); niederländisch-belgische Werklieden Partisij	PAOUB
Parti populaire français	PARPOF
Parti républicain radical et radical-socialiste, Rep. rad. u. rad. soz. part. v. 1901, kz: Pradic	PARER
Parti socialiste français (1919) (PSF), 1920–1935	PASOF
Parti Socialiste Revolutionnaire	PASORE
Parti socialiste unifié de Catalogne (PSUC)	PASUC
Partido Comunista de España (PCE)	PACOES
Partido Comunista Mexicano	PACOME
Partido Obrero de Unificación Marxista, dt.: Arbeiterpartei der Marxistischen Einheit	POUM
Partido Socialista Obrero Espanol	PASOE
Partij van de Arbeid (PvdA), niederländische Sozialdemokraten	PAVDA
Partisan	PARTIS
Partisan in Albanien	PA-ALB

MOTIVE, ANTRIEBE UND HANDLUNGSGRUPPEN	AKRONYM
Partisan in der Sowjetunion	PA-SU
Partisan in Frankreich	PA-F
Partisan in Griechenland	PA-GR
Partisan in italien	PA-IT
Partisan in Jugoslawien	PA-JUG
Partisanenrepublik Karnien, It.	PAREKA
Partisanenrepublik Ossola, It. Widerstand	PAREOS
Partisi catalan prolétaire	PACPRO
Partisi communiste de Grèce	PACOG
Partit dels i les Comunistes de Catalunya	PACOCA
Partito d'Azione, dt.: Aktions-Partei, italienische antifaschistische Partei	PARAZ
Partito Nazionale Fascista	PANAFA
Partito Repubblicano Italiano (PRI)	PAREIT
Partito Socialista Italiano (PSI)	PASOIT
Partito Socialista dei Lavoratori Italiani	PASOLI
Partito Socialista Democratico Italiano	PASODI
Partito Socialista Italiano di Unità Proletaria	PASIUP
Partoido Comunista Portugues	PACOPO
Patria, österreichischer Widerstand	PATRIA
Persoonsbewijzencentrale (PBC), dt.: Personenachweiszentrale	PEBEC
Petiční výbor Věrni zůstaneme, dt.: Petitionsausschuss Wir bleiben treu, SP-CS	PEVVZU
Pfadfinder	PFAD
Pfarrernotbund	PFANOB
Poale Zion	POAZI

MOTIVE, ANTRIEBE UND HANDLUNGSGRUPPEN	AKRONYM
Polen-Erlass	POLER
Politické ústředí, dt.: Politische Zentrale, nicht-kommunist. orientierte tschech. Widerstandsgruppe	POLUS
Politiki Epitropi Ethnikis Apelevtherosi, dt.: Politisches Komitee der nationalen Befreiung	PEPEA
Polnische Anders-Armee, mit Einverständnis der polnischen Exil-Regierung	PANAR
Polnische Berling-Armee, ohne Einverständnis der polnischen Exil-Regierung	POBAR
Polnische Sozialistische Partei	POLSOP
Polska Ludowa Akcja Niepodległościowa	PLAN
Polska Partisia Robotnicza (PPR; deutsch Polnische Arbeiterpartei)	POPARO
Polska Partisia Socjalistyczna (PPS)	POPASO
Postes, télégraphes et téléphones, heute La Poste (F)	POTETE
Prager Aufstand	PRAUF
Proletarische Freidenker	PROLF
Proletarischer Selbstschutz, KPD	PROSE
Propaganda Due (P2)	PRODUE
Q	
R	
Raad van negen, dt.: Rat der Neun	RAVNE
Raad van Verzet in het Koninkrijk der Nederlanden, Widerstandsrat im Königreich der Niederlande	RAVKO
Rechberg-Gruppe	RECHB
Régiment d'infanterie (France)	REGIF
Régiment d'infanterie alpine	REGIFA

MOTIVE, ANTRIEBE UND HANDLUNGSGRUPPEN	AKRONYM
Reichsarbeitsgemeinschaft der Kinderfreunde	REAKIF
Reichsbanner Schwarz-Rot-Gold	REICH
Reichsbund der deutschen Beamten	REDEB
Reichsbund der katholischen deutschen Jugend Österreichs	REKAJÖ
Reichsbund der Kinderreichen	REBUKI
Reichskolonialbund	REKOLB
Reichskriegerbund	REKRIBU
Reichsluftschutzbund	RELUFB
Reichsvertretung der deutschen Juden	REDEJU
Religiöser Sozialismus	RELSOZ
Republikanische Partei Deutschlands (RPD)	REPADE
Republikanischer Schutzbund, paramilitärische Organisation der SAPÖ	RESCHUB
Réseau Alibi, Geheimdienstwerk Innenwiderstand	RESABI
Réseau Alliance, Netz der Allianz in der RESI	RESALL
Réseau Brutus, Geheimdienstnetzwerk im Krieg	REBRU
Réseau Centurie, Geheimdienst der Organisation Civile et Militaire (OCM)	RECEN
Réseau Clarence, Geheimdienstnetzwerk	RECLA
Réseau Comèted, dt. etwa: Netzwerk der belgischen und französischen Résistance	RECOM
Réseau Gallia, Geheimdienstnetzwerk	REGAL
Reseau Garel	REGAR
Réseau Gloria, Widerstandszelle von Samuel Beckett	REGLO
Réseau Hector, Widerstands-Zelle von Alfred Heurtaux	REHEC
Réseau Klan	REKLAN
Réseau Mithridate	REMITH

MOTIVE, ANTRIEBE UND HANDLUNGSGRUPPEN	AKRONYM
Réseau Pat O'Leary, Widerstandsorganisation	REPAOL
Réseau SR Air 40 à Poitiers	RESA 40
Réseau Zero-France, Widerstandsorganisation	REZEF
Resistance Air	REAIR
Résistance de Fer, Widerstands-Gruppe französischer Eisenbahner	REDEF
Revoluční národní výbor české inteligence	RENAV
Revoluční skupina Předvoj, Revolutionäre Gruppe Avantgarde CS	RESKUP
Revolutionäre Gewerkschafts-Opposition	REVGO
Revolutionäre Kommunisten Österreichs	REVKOÖ
Revolutionäre Obleute	REVOBL
Revolutionäre Sozialisten Deutschlands	REVSOD
Revolutionäre Sozialisten Österreichs	REVSÖ
Revolutionäre Sozialistische Jugend (RSJ)	RESOJU
Rif-Republik, Konföderierte Republik der Rifs, Marocco	RIFREP
Robinsohn-Strassmann-Gruppe	ROBST
Rote Armee nach Übertritt aus Wehrmacht	ROTA
Rote Bergsteiger oder Vereinigte Kletterabteilung	ROBERG
Rote Drei, Spionagering der ROKA in der Schweiz	RODREI
Rote Falken	ROFALK
Rote Gewerkschafts-internationale (RGI)	ROGIN
Rote Gruppe, in Berlin 1924 gegründeter kommunistischer Künstlerbund	ROGRU
Rote Hilfe Deutschland, Hilfsorganisation zur Unterstützung verfolgter Widerständler	ROHIDE

MOTIVE, ANTRIEBE UND HANDLUNGSGRUPPEN	AKRONYM
Rote Jungfront, Jugendabteilung des Rotfrontkämpfer-Bundes der KPD	ROJUNG
Rote Kämpfer	ROKÄM
Rote Kapelle	ROKAP
Rote Massenelf-Defense (RMSS)	ROMSS
Rote Pfadfinder	ROPFAD
Rote Raketen	RORAK
Rote Rebellen in der SPD	ROREB
Rote Sport-Internationale	ROSPOI
Rote Stoßtrupps	ROSTO
Rote Wehr, sudetendeutsche Kampfgruppe	ROTWEH
Roter Frauen- und Mädchenbund	ROFMÄ
Roter Frontkämpferbund der KPD	ROFRO
Roter Studentenbund	ROSTUB
Royal Air Force, l'armée de l'air britannique	RAFUKU
Royal Navy	ROYNA
Rude odbory, tschechische Rote Gewerkschaft	RUDEO
Ruhraufstand	RUAUF
Rumänische Kommunistische Partei	RUKOPA
Rütli-Gruppe um Hanno Günther	RÜTLI
S	
Sabotage-Aktionen	SABOT
Saefkow-Jacob-Bästlein-Organisation	SAEJAB
Schlotterbeck-Gruppe aus Luginsland	SCHLOTT
Schumann-Engert-Kresse-Gruppe	SCHUENK
Schutzstaffel der NSDAP	SS

MOTIVE, ANTRIEBE UND HANDLUNGSGRUPPEN	AKRONYM
Schwarze Front, national-revolutionärer Kreis	SCHWAF
Schwarze Hand, Straßburger Gruppe	SCHWAS
Schwarze Scharen, anarchistische Gruppen	SCHSCH
Schwarzes Fähnlein, jüdischer Bund	SCHFÄH
Schwarzwälder Blutwoche	SCHWAB
Secret intelligence Service, der britische Auslands-Geheimdienst (Mi6)	SEINSE
Section française de l'internationale ouvrière	SEFIOU
Sender Freies Deutschland	SENFDE
Septemberaufstand (Bulgarien)	SEPTAB
Serbski Sokol	SERSO
Seri-Thai-Bewegung, »Freie Thai« od.»Freies Thailand« gegen die japanischen Besetzung Thailands	SETHAI
Service de répression des menées antinationales (SRMAN)	SERMAN
Service de sécurité militaire français – Travaux ruraux	SESMIF
Service du travail obligatoire, NS-Zwangsarbeit für junge Franzosen	SETROB
Sieben Spaziergänger (Die getreuen Sieben, Die aufrechten Sieben und Die Sieben)	SIESPAZ
Sisački narodnooslobodilački Partisizanski odred, Sisaker Volksbefr. Partisanen der KP Kroatiens	SINAPA
Slowakischer Nationalaufstand	SLOWNA
Société nationale des chemins de fer français (SNCF)	SONCAF
SOPADE Vorstand der SPD im Exil	SOPADE
Sozialdemokratie des Königreichs Polen und Litauens	SOKÖPL
Sozialdemokratische ArbeiterPartei (SDAP) in CSR	SOARP
Sozialdemokratische Arbeiterpartei Russlands	SDAPR

MOTIVE, ANTRIEBE UND HANDLUNGSGRUPPEN	AKRONYM
Sozialdemokratische Partei der Schweiz (SP)	SODPAS
Sozialdemokratische Partei Deutschlands	SPD
Sozialdemokratische Partei Ungarns 1898-1948	SODEPAU
Sozialistische Aktion	SOZAKT
Sozialistische Arbeiterjugend	SOAJU
Sozialistische Arbeiter-Partei Deutschlands	SAPDE
Sozialistische Arbeiterpartei Ungarns 1925–1928	SOARU
Sozialistische Front Hannover, SPD-Widerstandsgruppe	SOFROH
Sozialistische Internationale (SI)	SOZINT
Sozialistische Proletarierjugend	SOPROJ
Sozialistische Studentenschaft	SOSTU
Sozialistischer Jugend-Verband Deutschlands (SJVD, auch SJV)	SOJUVE
Sozialistisch-Kommunistische Ungarländische Arbeiterpartei 1919	SOKOUN
Spartakusbund linkskommunistischer Organisationen auch Spartakusbund Nr. 2	SPARTA
Special Operations Executive, dt.: Spezialeinsatztruppe (SOE) des britischen Militärs	SOEXE
Sperr-Kreis	SPERR
Speyerer Kameradschaft im Raum Speyer/Vorderpfalz	SPEYKA
SS-Sondereinheit Dirlewanger	SS-DIR
Stahlhelm – Bund der Frontsoldaten	STAHL
Straf-Division 999	SD 999
Streik in Luxemburg vom September 1942	STREIK
Stronnictwo Narodowe	STRONA
Sturmabteilung der NSDAP	SA
Sveriges kommunistiska Parti	SVEKOP

MOTIVE, ANTRIEBE UND HANDLUNGSGRUPPEN	AKRONYM
Sveriges socialdemokratiska arbetare Parti	SVESOA
Svornost, dt.: Einigkeit, tschechische Widerstandsgruppe in Hamburg	SVORNO
Syndicalisme révolutionnaire, frz. Revolutionäre Syndikalisten	SYNREV
Syndikalistisch-Anarchistische Jugend Deutschlands (SAJD)	SYANJU
T	
Tajna Armia Polska, dt.: Geheime Polnische Armee	TARPO
Telegrafnoje Agentstwo Sowjetskogo Sojusa	TASS
Textilarbeiterverband	TEXARV
Thüringer Landbund	THÜLB
Tiroler Widerstandsbewegung, Kollaborat. verschiedener Tiroler Widerstandsgruppen	TIRWID
Travail Anti-Allemand (TA), dt.: Deutsche Arbeit, Gruppe der KPF	TRAVA
Travaux Ruraux, Deckname dt. französische Spionageabwehr	TRAVRU
Tři králové, dt.: Drei Könige, tschech. Widerstandgruppe	TRIKRA
Trst – istra – Gorica – Rijeka (TiGR) Slowenisch-kroatische Untergrundorganisation	TRIGRA
Truand, Gangster im Sinne von Einzelkämpfer	TRUAND
Tschechoslowakische Exilarmee	TSCHEA
U	
Uhrig-Römer-Gruppe	UHRÖM
Uhrig-Widerstandsgruppe	UHRIWI
Ukrajinska powstanska armija; kurz UPA	UKPOAR
Unabhängige Arbeiterpartei Deutschlands	UAPD
Unabhängige Sozialdemokratische Partei Deutschlands	USPD

MOTIVE, ANTRIEBE UND HANDLUNGSGRUPPEN	AKRONYM
Ungarische Kommunistische Partei 1918–1948	UNKOPA
Ungarische Sozialdemokratische Partei	UNSOPA
Union des juifs pour la résistance et l'entraide	UNPREL
Union générale des israélites de France (UGiF)	UGIDEF
United States Army, Armee der USA	US-ARM
Untergrund-Universität (PL)	UNTUNI
Unternehmen Sieben, auch Operation U-7 (Abwehr)	UNTER 7
V	
V boj, deutsch »in den Kampf« (CS)	V BOJ
Verband der deutschen Buchdrucker	VEDEBU
Verband Sozialistischer Studenten Österreichs	VESOST
Verein für das Deutschtum im Ausland (VDA)	VEDEAU
Verein sozialistischer Ärzte	VESÄRZ
Vereinigung sozialistischer Schriftsteller (VsS)	VESOS
Vier Tage von Neapel	VIER-T
Vierergruppen in westdeutschen Großstädten	VIERG
Vierte Internationale, trotzkistische Widerstandsgruppe	VIINT
Việt Minh, dt.: Liga für die Unabhängigkeit Vietnams	VIETMI
Volksfront	VOFRO
W	
Warrant Officer, Adjutant der frz. Armee	WAROF
Warschauer Aufstand	WAAUF
Weddinger Opposition, auch Weber-Gruppe	WEDOPP
Wehrkraftzersetzung	WEHRZE
Weiße Rose Hamburg	WEIHAM
Weiße Rose München	WEIROM

MOTIVE, ANTRIEBE UND HANDLUNGSGRUPPEN	AKRONYM
Westermann-Gruppe	WEGRU
Westerweel-Gruppe, niederländische Widerstandsgruppe in der NS-Zeit	WEWEEL
Widerstand im Ghetto Bialystok	WIGEBI
Widerstand im KZ Auschwitz	WIAU
Widerstand im KZ Buchenwald	WIBU
Widerstand im KZ Dachau	WIDA
Widerstand im KZ Dora	WIDO
Widerstand im KZ Flossenbürg	WIFLO
Widerstand im KZ Mauthausen	WIMA
Widerstand im KZ Sachsenhausen	WISA
Widerstand im KZ Sobibor	WISO
Widerstand im KZ Treblinka	WITRE
Widerstandsgruppe G, Stuttgart	WIGRUG
Wiener Kreis	WIENK
Willy-Fred-Gruppe, öst. Partisanengruppe, die 1942–1945 im Salzkammergut bestand	WILLY
Winzen-Gruppe Dortmund	WINDO
Witte Brigade (dt.: Weiße Brigade) belg. Résistance	WITBRI
Wittenberger Bund	WITBUN
Women's international League for Peace and Freedom	WOILPE
World federation of trade unions	WOFETU
Wuppertaler Gewerkschaftsprozesse 1935–1937	WUPGEP
Württembergische Pfarrhauskette in den letzten NS-Jahren	WÜRPF

X

MOTIVE, ANTRIEBE UND HANDLUNGSGRUPPEN	AKRONYM
Y	
Young Austria, österreichische Emigranten im UK	YOUNA
Z	
Żegota [ʒɛ'gɔta] , poln. Rat für die Unterstützung von Juden	ZEGOTA
Zehn von Renesse, niederländische Widerstandskämpfer	ZEREN
Zemaljsko antifašističko vijeće narodnog oslobođenja Hrvatske, Antif. Landesr. d. Volksbefr. Kroatiens	ZAVNOH
Zentralverband der Hotel-, Restaurant- und Caféangestellten	ZEHORE
Zeugen Jehovas, internationale religiöse Gemeinschaft, die Kriegsdienst u. polit. Betätig. verweigert	ZEUGE
Zielasko-Gruppe im Ruhrgebiet, benannt nach KPD-Widerstandskämpfer	ZIELAG
Zwangsarbeiter bei BOA Group	Z-BOA
Związek Nauczycielstwa Polskiego, Lehrer-Gewerkschaft	ZWINPO
Żydowska Organizacja Bojowa, Jüd. Kampforg.ŻOB, jiddisch Jidische Kamf Organisatie	ZYDOB

Im Folgenden wollen wir uns von außen nach innen vorarbeiten. Wir beginnen mit dem nationalen Gesichtspunkt.

4. Die Nationalität der Personen im Widerstand

Hier geht es um zwei verschiedene Aspekte: einmal um die (Geburts-)Nationalität, also Ethnizität der handelnden Personen, andererseits um die durch die jeweilige Nation jener Widerstandsbewegung, der sie sich verpflichtet fühlten. Diese beiden Aspekte stimmen zwar bei vielen und wahrscheinlich den meisten Personen überein, aber es gab auch Personen, die sich am Widerstand in einer anderen Nation als ihrer Herkunftsnation beteiligt haben. So haben sich z. B. zahlreiche Deutsche (auch) am niederländischen Widerstand beteiligt oder einige Briten oder Sowjetbürger auch am deutschen Widerstand. Auch andere Konstellationen konnten festgestellt werden. Trotzdem kann festgehalten werden, dass in der überwiegenden Zahl die Geburts- und Widerstandsnationalität identisch ist. Das ist übrigens auch der entscheidende Unterschied zum Widerstand, den die alliierten Soldaten in militärischer Form geleistet haben. Da ging es zumeist – auch oft mental in den Köpfen eingebrannt – gegen »die Deutschen«. Das hat oft schwerwiegende Folgen für bestimmte Menschen gehabt sowohl noch während des Krieges als auch danach.

Und nun zu den Zahlen. Von den Angaben zu Widerstandskämpfern, die mir namentlich vorliegen, waren von den mir vorliegenden Personendaten ...

ZAHL	NATIONALITÄT	PROZENT
32.222	Personen gesamt	100
31.511	Bekanntes Herkunftsland	97,8
13.706	Deutsche	43,2
10.724	Franzosen	34,0
1.768	*Juden**	5,6
1.047	Österreicher	3,6

ZAHL	NATIONALITÄT	PROZENT
962	Polen	3.1
715	Ukrainer	2,3
519	Niederländer	1,6
480	US-Amerikaner	1,5
441	Tschechoslowaken	1,4
418	Italiener	1,3
418	Russen	1,3
374	Weißrussen	1,2
226	Belgier	0,7
160	Schweizer	0,5
156	Litauer	0,5
110	Norweger	0,3
104	Kroaten	0,3
96	Ungarn	0,3
82	Bulgaren	0,3
78	Dänen	0,2
77	Griechen	0,2
72	Rumänen	0,2
65	Albaner	0,2
40	Serben	0,1
33	Moldawier	0,1
28	Spanier	0,05
25	Bosnien-Herzegowianer	0,08
25	Armenier	0,08

* Es ist umstritten, ob man *Juden* als »Volk« bezeichnen kann, denn Jude-sein ist eine religiöse Konfession und/oder auch eine kulturelle persönliche Befindlichkeit.

Wenn fast die Hälfte der Widerständler Deutsche waren, kann ich als Deutscher das nur mit Dankbarkeit feststellen – schließlich hat ja auch eine Mehrheit der Deutschen fehlgeleitet das Nazisystem gestützt und zu großen Teilen bis zum bitteren Ende in Nibelungentreue dazu gestanden. Immerhin war ein reichliches Drittel alle Widerständler von französischer Herkunft, was auf die breit gefächerte Widerstandsbewegung der Resistance zurückzuführen ist. Damit waren insgesamt drei Viertel (!) aller Nazi-Opponenten Deutsche und Franzosen.

Jetzt soll dieser Widerstand im Rahmen ihrer Nationen dargestellt werden in Personenzahlen:

WIDERSTANDSNATION	AKRONYM	ZAHL
Ägyptischer Widerstand	ÄGYWI	1
Albanischer Widerstand	ALBWI	59
Armenischer Widerstand	ARMWI	9
Belarussischer Widerstand	BELAWI	374
Belgischer Widerstand	BELWI	234
Bosnisch-Herzegowinaischer Widerstand	BIHWI	7
Brasilianischer Widerstand	BRAWI	3
Britischer Widerstand	BRIWI	61
Bulgarischer Widerstand	BULWI	76
Chilenischer Widerstand	CHILWI	1
Chinesischer Widerstand	CHINWI	3
Dänischer Widerstand	DÄNWI	76
Deutscher Widerstand	DEUWI	14.229
Ecuadorianischer Widerstand	ECUWI	1
El Salvadorianischer Widerstand	ELSAWI	2
Estländischer Widerstand	ESTWI	6
Finnländischer Widerstand	FINWI	5
Französischer Widerstand	RESIWI	11.403

WIDERSTANDSNATION	AKRONYM	ZAHL
Griechischer Widerstand	GRIEWI	75
Indischer Widerstand	INDIWI	2
Indonesischer Widerstand	INDOWI	2
Irländischer Widerstand	IRLWI	2
Italienischer Widerstand	RESAWI	355
Japanischer Widerstand	JAPWI	3
Jugoslawischer Widerstand	JUGWI	311
Lettländischer Widerstand	LETWI	21
Litauischer Widerstand	LITWI	12
Luxemburger Widerstand	LUXWI	39
Mazedonischer Widerstand	MAZWI	1
Mexikanischer Widerstand	MEXWI	4
Moldauischer Widerstand	MOLWI	33
Niederländischer Widerstand	NIEDWI	297
Norwegischer Widerstand	NORWI	111
Österreichischer Widerstand	OESWI	991
Palästinensischer Widerstand	PALWI	1
Peruanischer Widerstand	PERWI	2
Polnischer Widerstand	POLWI	865
Portugiesischer Widerstand	PORWI	6
Rumänischer Widerstand	ROMWI	35
Russländischer Widerstand	RUSWI	418
Schweizerischer Widerstand	SCHWI	123
Slowakischer Widerstand	SLOWAI	5
Slowenischer Widerstand	SLOWEI	6
Spanischer Widerstand	SPAWI	31

WIDERSTANDSNATION	AKRONYM	ZAHL
Schwedischer Widerstand	SVEWI	2
Tschechoslowakischer Widerstand	CSLWI	312
Türkischer Widerstand	TÜRWI	2
Ungarischer Widerstand	UNGWI	87
Ukrainischer Widerstand	UKRAWI	715
US-Amerikanischer Widerstand	USAWI	52
Vietnamesischer Widerstand	VIETWI	3

Eine Besonderheit: Der sowjetische Widerstand (1.588), der hier nicht tabellarisch dargestellt wird, ergibt sich durch die Addition der Widerständler aus den Sowjetrepubliken Armenien (9), Belarussland (374), Estland (6), Lettland (21), Litauen (12), Moldawien (33), Russland (418) und Ukraine (715).

Unter zahlreichen Nationen findet/n sich bisweilen nur eine oder nur wenige Personen, die durch ihren Widerstand bekannt wurde/n. Umso höher zu bewerten ist diese Widerständigkeit, wenn sich ihr Land in einem Bündnis mit Nazideutschland befand oder gar durch deutsche Truppen besetzt wurde.

5. Aus welchen Motiven oder Antrieben wurde dieser Widerstand gespeist?

Wie bereits eingangs erwähnt, konnte ich in den meisten Fällen eine Partei-Mitgliedschaft oder ein religiöses Bekenntnis feststellen. Solche Präferenzen für eine bestimmte politische Partei oder ein bestimmtes religiöses Bekenntnis hatten großen Einfluss auf die Entscheidung der betreffenden Person, sich dem Widerstand in einer Gruppe anzuschließen oder in zahlreichen einzelnen Fällen auf eigene Faust gegen das Naziregime zu agieren.

In vielen Fällen begann der Widerstand gegen die faschistische Ideologie bereits im Vorfeld oder am Beginn der Herausbildung von nazistischen Parteien, die schließlich in die Vorherrschaft bzw. absolute Herrschaft der NSDAP einmündeten. Daher findet man hier auch einige Personen aus der Zeit der Weimarer Republik. Es gab aber auch das Phänomen, dass zahlreiche Personen anfänglich von den nazistischen Ideen und Forderungen eingenommen waren, sie sogar förderten und unterstützten, aber dann beim Erreichen eines bestimmten Entwicklungsstandes sich davon distanzierten oder sogar zum widerständigen Verhalten wechselten. Diese Entwicklung kann man besonders in bürgerlich-konservativen Bevölkerungskreisen beobachten und dementsprechend auch in religiös orientierten Schichten verschiedener Konfessionen, besonders aber der Mitglieder von protestantischen Großkirchen. Als ein nahe liegendes Beispiel steht mir der Pfarrer einer ländlichen Dorfpfarrei vor Augen, in deren Kirchengemeinde auch ich später als Pfarrer tätig war. Der aus dem Hessischen stammende junge Pfarrer Wilhelm Koch bewarb sich 1926 auf die evangelische Pfarrstelle Sulzbach im Landkreis Apolda/Thüringen.* Nach eigenem Bekunden war er Mitglied im Christlich-Sozialen Volksdienst (CSVD) geworden, und bei den letzten Reichstagswahlen hatte er natürlich nicht für Thälmann, aber auch nicht für Hitler, sondern für Hindenburg gestimmt. 1933 hatte er aber einem Vortrag des NS-Ideologen und Redakteurs Alfred Rosenberg in der Weimar-Halle beigewohnt,

---

* Wilhelm Koch, Hildegard Koch: »Aber hinten stechen die Bienen!« Wilhelm Koch in Sulzbach, ein Pfarrer der Bekenntnisfront in Thüringen 1933–1945, Weimar 2010, ISBN 3-935275-23-4

von dem er angetan und mit dem Gedanken zurückgekehrt war, sich evtl. sogar der Nazibewegung anzuschließen. Doch dieser Gedankengang hielt nicht lange an, denn der NS-Ortsgruppenleiter Werner Lindner drängte deutlich darauf, dass sich Kochs Evangelische Frauenhilfe unbedingt in die NS-Frauenschaft auflösen solle. Die in der folgenden Zeit aufkommenden Rivalitäten mit dem von Machtbewusstsein erfüllten Nazihäuptling führten schließlich zu einer grundsätzlichen Feindseligkeit gegenüber Koch und seinen Frauen. Als sich in Thüringen die Lutherische Bekenntnisgemeinschaft als Teil der Bekennenden Kirche (BK) bildete, trat er mit seinen etwa 200 Frauen der BK bei. Nun entwickelte sich ein längerer ideologischer Kampf der örtlichen Nazis, eingeschlossen die Lehrer- und Beamtenschaft gegen Koch, der 1937 sogar in einer vierwöchigen Gefängnishaft für den widerständigen Geistlichen kulminierte. Aber das war noch nicht das Ende, denn die von den Deutschen Christen (DC) beherrschte Kirchenleitung untersagte ihm die Dienstausübung, setzte einen Pfarrvertreter in das Pfarrhaus und ließ ihn endlich im Bund mit der Gestapo des Landes Thüringen verweisen. Zwar konnte er durch Mithilfe eines verständnisvollen hessischen Kirchenrates einen pfarramtlichen Dienst in einer hessischen Gemeinde aufnehmen, aber er musste seine Ehefrau und seine fünf minderjährigen Kinder zunächst in Sulzbach zurücklassen, ehe diese ihm nach einigen Monaten nachfolgen konnten.

Bei den Mitgliedern linker politischer Parteien gab es solche Entwicklungen so gut wie nie. Schon als die antisemitische und völkisch-chauvinistische Propaganda ihren Lauf nahm, standen Gewerkschafter, Kommunisten und Sozialdemokraten mutig auf gegen die Verbreiter von Hass und Völkerhetze. Das hat bereits in den 1920er Jahren traurige Folgen gehabt, indem viele Nazigegner verfolgt, verletzt und eingesperrt wurden und etliche von ihnen ihre Leben verloren. Diese Tragödie verschärfte sich, als die Nazis die Macht in einigen Reichsländern erreichten (wie z. B. in Thüringen 1932), aber als sie im ganzen Reich triumphierten, wurde die Unterdrückung ihrer Gegner mit allen staatlichen Machtmitteln zur Reichspolitik erhoben. Als erste wurden Kommunistenführer in frühe KZ gesperrt, gefoltert oder getötet. Auch Gewerkschafter und Sozialdemokraten und demokratisch-humanistische Nazigegner wurden drangsaliert. Fast gleichzeitig begann die Verfolgung,

Bedrohung und Ausgrenzung der Juden als sogenannte »Reichsfeinde«. Trotzdem regte sich von Anfang an der Widerstand, vor allem in den großen Städten und in den Großfabriken mit ihrem hohen Arbeiteranteil. Dieser Widerstand führte oft auch diejenigen wieder einander näher, die sich in der Weimarer Republik als Konkurrenten ansahen, teilweise auch als zu bekämpfende Feinde gesehen hatten: die Kommunisten und die Sozialdemokraten. In den schlimmsten Zeiten der Verfolgung fanden sie sich wieder in Widerstandsgruppen wie der »Roten Kapelle« und vielen weiteren Gruppierungen. Das wird auch ablesbar in den Biogrammen der mir zugänglichen über 12.350 Nazigegner. Aber es reihten sich seit 1933 auch bürgerliche Kreise, Kunst- und Kulturschaffende, parteilose, religiöse und nichtreligiöse Personen in den heimlichen, stillen und vorsichtigen Widerstand ein. Es blieb dann den jugendlichen Akademikern und Studierenden vorbehalten, auch lebensgefährliche Aktionen zu starten wie die öffentliche Flugblattaktion der »Weißen Rose« in München.

Im Folgenden sollen die nachweisbaren Zahlen der Beteiligung von Widerständlern in den unterschiedlichsten Gruppen des Reiches und sogar weit über die Reichsgrenzen hinaus dargestellt werden. Oft haben auch Antifaschisten aus den deutschen Nachbarländern im deutschen Widerstand mitgewirkt – ebenso wie es eine beträchtliche Zahl von Deutschen gab, die insbesondere während des Zweiten Weltkrieges sich am Widerstand dieser Nationen gegen die deutschen Unterdrücker beteiligten. Aber auch schon Jahre vor dem Kriegsbeginn kämpften deutsche und nichtdeutsche Widerstandskämpfer in den Internationalen Brigaden gegen das faschistische Franco-Regime, das von Hitlerdeutschland zusammen mit den Westmächten massiv militärisch unterstützt wurde.

An diesen zahlenmäßig größten Widerstandsgruppen (mit über 100 Mitgliedern) beteiligten sich zahlreiche Personen:

WIDERSTÄNDIGES VERHALTEN IN GRUPPEN ÜBER 100 PERSONEN	AKRONYM	ZAHL
Allgemeiner Deutscher Gewerkschaftsbund (ADGB)	ADGB	205
Antifa-Schule, Kurzbezeichnung f. die Antifaschistischen Frontschulen	ANFASC	114
Arbeiter- und Soldatenrat	ASORA	105
Assoziation revolutionärer bildender Künstler Deutschlands	ASSO	132
Bästlein-Jacob-Abshagen-Gruppe	BÄJAG	106
Bekennende Kirche	BEKIR	938

WIDERSTÄNDIGES VERHALTEN IN GRUPPEN ÜBER 100 PERSONEN	AKRONYM	ZAHL
Bewegung Freies Deutschland	BFREID	317
Ceux de la Résistance (französisch)	CEURES	129
Christl.-freih. Plattform f. e. freies Europa souv. Völker, Colonies. franç.du Pacifique	COFRAP	121
Combat Kampfgruppe in der RESI	COMB	166
Comité Allemagne libre pour l'Ouest, frz. Komitee Freies Deutschland f. d. Westen	CALPO	152
Compagnon de la Libération, frz. Mitarbeiter der Befreiung	CODLI	962
De Zwarte Hand, belg. Schwarze Hand	DEZWA	106
Deutsche Demokratische Partei	DDP	102
Deutscher Metallarbeiter-Verband (DMV)	DEMEV	155
Dir (Clan), ein Clan in Somalia, Angehöriger der RESI	DIR	151
Evangelische Gemeinschaften	EVAN	1.098
Exekutivkomitee der Kommunist. Internationale	EXKOI	101
Forces françaises combattantes (de Gaulle)	FOFCO	295
Forces françaises de l'intérieur, dt. Französische Streitkräfte im Inneren	FOFIN	4.454
Kommunistische Partei Deutschlands (Opposition)	KPD-O	147
Francs-tireurs et Partisans – main d'œuvre immigrée, Immigr. d. FTP	FTP-MOI	141
Franc-Tireur	FRATIR	1.708
Gerechte unter den Völkern	GUDV	2.140
Goerdeler-Kreis	GOEK	136
Hitler-Attentäter von 1944	HITAT	340
Internationale Brigaden	INBRI	665

WIDERSTÄNDIGES VERHALTEN IN GRUPPEN ÜBER 100 PERSONEN	AKRONYM	ZAHL
Internationale Rote Hilfe	INROH	153
Kampfbund gegen den Faschismus	KAGFA	119
Katholisch motiviert	KATH	855
Knöchel-Seng-Gruppe	KNÖSE	111
Kommunistische Partei Deutschlands	KPD	4.499
Kommunistische Partei Deutschlands (Opposition)	KPD-O	147
Kommunistische Partei Österreichs	KPÖ	202
Kommunistischer Jugendverband Deutschlands	KJVD	587
Libération Nord, Personen der Befreiung in der RESI	LINO	168
Maquis, im frz. Rückzugsgebiet kämpfende Freischärler	MAQUIS	525
Menschenretter	MENRET	257
Militärischer Apparat der KPD	M-APP	114
Nationalkomitee Freies Deutschland	NKFD	351
Nationalsozialistische Deutsche Arbeiterpartei	NSDAP	243
Organisation Civile et Militaire der Resistance	ORCIMI	404
Organisation de résistance de l'armée (ORELA), param. Wi. Org. d. Armee	ORELA	208
Parti communiste francais, Kommunistische Partei Frankreichs	PCF	417
Partisan	PARTIS	961
Reichsbanner Schwarz-Rot-Gold	REICH	403
Réseau Alliance, Netz der Allianz in der RESI	RESAL	358
Resistance, frz. Widerstandsbewegung	RESI	311
Revolutionäre Gewerkschafts-Opposition	REVGO	237
Rote Armee nach Übertritt aus Wehrmacht	ROTA	230
Rote Hilfe Deutschland	ROHIDE	425

WIDERSTÄNDIGES VERHALTEN IN GRUPPEN ÜBER 100 PERSONEN	AKRONYM	ZAHL
Rote Kapelle	ROKA	334
Roter Frontkämpferbund	ROFRO	282
Sabotage-Aktionen	SABOT	509
Die Saefkow-Jacob-Bästlein-Gruppe	SAEJAB	170
Section française de l'internationale ouvrière	SEFIOU	135
Sozialdemokratische Partei Deutschlands	SPD	2.454
Sozialistische Arbeiterjugend	SOAJU	349
Sozialistische Arbeiter-Partei Deutschlands	SAPDE	166
Spartakusbund linkskommunistischer Organisationen auch Spartakusbund Nr. 2	SPARTA	104
Special Operations Executive, Spezialeinsatztruppe(SOE) d. UK-Militärs	SOEXE	145
Uhrig-Römer-Gruppe	UHRÖM	173
Unabhängige Sozialdemokratische Partei Deutschlands	USPD	537
Vergehen gegen die Rundfunkverordnung	RADIO	163
Wehrkraftzersetzung	WEHRZE	216
Widerstand im KZ Buchenwald	WIBU	162
Zeugen Jehovas	ZEUGE	619

Diese Auflistung verrät aber noch nichts über die Motivation der beteiligten Mitglieder, denn in allen der von mir gezählten Widerstandsgruppen waren Personen aus unterschiedlichen Antrieben und Motiven engagiert.

Widerständiges Verhalten von mehr als 10 Personen in diesen Zusammenschlüssen (nach Zahlen geordnet):

VEREINIGUNG, BEWEGUNG, GRUPPE, KREIS	AKRONYM	ZAHL
Die **Kommunistische Partei Deutschlands (KPD)** war eine 1919 in Berlin gegründete kommunistische politische Partei. Sie kämpfte in der Zeit der Weimarer Republik gegen das Aufkommen der faschistischen Partei. In der Zeit des sogenannten »Nationalsozialismus« (1933 bis 1945) wurde sie in den Untergrund gedrängt und ihre Mitglieder und Sympathisanten bedroht, verhaftet, gefoltert und ermordet. Sie richtete ihre Parteiziele und Programmatik aus an der KPdSU in der Sowjetunion, was seit 1928/29 zu einer Abspaltung als KPD (Opposition) führte. Problematisch war ihre langjährige Feindstrategie gegen die SPD, die sie als »sozialfaschistisch« diffamierte. Erst zu spät, kurz vor Antritt der Hitler-Regierung wollte sie diese falsche Strategie korrigieren und schlug die Bildung einer »Einheitsfront« gegen den Faschismus vor. Als ihr führender Kopf gilt Ernst Thälmann.	KPD	4.499
Forces françaises libres (Streitkräfte für ein freies Frankreich) Französische Truppen der Resistance, die zusammen mit den Alliierten gegen das Vichy-Regime und die deutsche Wehrmacht kämpften.	FOFIN	4.454

VEREINIGUNG, BEWEGUNG, GRUPPE, KREIS	AKRONYM	ZAHL
Die **Sozialdemokratische Partei Deutschlands (SPD)** ist die 1890 gegründete älteste deutsche Partei als Nachfolgerin des Allgemeinen Deutschen Arbeitervereins, der Sozialdemokratischen Arbeiterpartei und der Sozialistischen Arbeiterpartei. Nach langen Kämpfen in der Illegalität entwickelte sie sich zur staatstragenden Partei im deutschen Kaiserreich, die sich im I. Weltkrieg in einen unreflektierten Patriotismus verirrte. Nach der deutschen Niederlage wurde sie von zahlreichen Mitgliedern verlassen, die dann eine »Unabhängige Sozialdemokratische Partei« gründeten. Eine Mehrheit löste sich wieder von dieser ab und schloss sich mit der Gruppe des »Spartakus-Bundes« zur »Kommunistischen Partei Deutschlands« zusammen. In der Weimarer Republik galt der erste Reichspräsident Friedrich Ebert als führender Kopf.	SPD	2.454
Gerechter unter den Völkern ist ein in Israel nach der Staatsgründung 1948 eingeführter Ehrentitel für nichtjüdische Einzelpersonen, die unter faschistischer Herrschaft während des Zweiten Weltkriegs ihr Leben einsetzten, um Juden vor der Ermordung zu retten. Der Titel wird an Personen aus vielen Ländern der Welt verliehen.	GUDV	2.140
Franc-Tireur wurde 1941 in Lyon von Jean-Pierre Lévy und Antoine Avinin in der anfangs noch nicht besetzten Südzone Frankreichs gegründet. Die Gruppe wurde von Lévy geleitet und bestand aus Sozialisten, Kommunisten und Liberalen, die sich aus Abscheu vor dem Vichy-Regime dem Ideal einer unabhängigen Französischen Republik verschrieben hatten.	FRATIR	1.708
Als **Evangelische** werden hier summarisch alle religiösen Denominationen bezeichnet, die aus der Reformation Luthers, Calvins, Hus' und weiterer Erneuerer der katholischen Kirche hervorgingen.	EVAN	1.098

VEREINIGUNG, BEWEGUNG, GRUPPE, KREIS	AKRONYM	ZAHL
Compagnon de la Libération« ist der Titel von Personen, Ortschaften und militärischen Einrichtungen, die sich um die Befreiung Frankreichs während des Zweiten Weltkriegs verdient gemacht haben und denen der durch Charles de Gaulle gestiftete »Ordre de la Libération« verliehen wurde.	CODLI	962
Partisan bezeichnet die aus eigenem Entschluss zum Kämpfer gewordene Person, die sich einer kleineren oder größeren Gruppe von Menschen anschließt, um ein Regime zu bekämpfen, das er aus Gewissensgründen beseitigen helfen will. Das betraf in zahlreichen von Deutschland unterworfenen Nationen viele Tausende Kämpfer, die gegen deutsche Truppen oder faschistische Einrichtungen und Hoheitsträger militärisch vorgingen.	PARTIS	961
Die **Bekennende Kirche** (BK) war eine Oppositionsbewegung evangelischer Christen gegen Versuche einer Gleichschaltung von Lehre und Organisation der Deutschen Evangelischen Kirche (DEK) mit dem sogenannten »Nationalsozialismus«. Solche Versuche unternahmen bis 1934 die »Deutschen Christen« (DC), dann staatlich eingesetzte Kirchenausschüsse und teilweise direkte Staatskommissare, die die Kirchenvertreter absetzten. Die BK reagierte darauf mit einer Abgrenzung ihrer Lehre, Organisation und Ausbildung, später auch mit politischen Protesten im Kirchenkampf. Sie beanspruchte seit ihrer Gründung die einzige rechtmäßige Kirche zu sein, und schuf sich mit einem kirchlichen »Notrecht« seit Oktober 1934 eigene Leitungs- und Verwaltungsstrukturen. Viele ihrer Pfarrer blieben Bedienstete der jeweiligen Landeskirche. Eine einheitliche Opposition gegen das NS-Regime bildete die BK nicht; große Teile auch der bekennenden Christen blieben dem »Führerprinzip« treu und bejahten auch den Zweiten Weltkrieg. Als ihr führender Kopf gilt Martin Niemöller.	BEKIR	938

VEREINIGUNG, BEWEGUNG, GRUPPE, KREIS	AKRONYM	ZAHL
Die **Katholische** Religion bezeichnet die Zugehörigkeit von Menschen zur Römisch-katholischen Kirche, die die Oberhoheit des römischen Papstes als den Oberhirten anerkennt. In Deutschland hatte sich mit der Zentrums-Partei auch eine politische Kraft herausgebildet, die während der Weimarer Republik auch in Parlamenten und staatlichen Ämtern mitwirkte.	KATH	855
Die **Internationalen Brigaden**, kurz Interbrigaden, waren von der Kommunistischen Internationale rekrutierte und ausgebildete militärische Freiwilligenverbände (Milizionäre), die im Spanischen Bürgerkrieg auf der Seite der Spanischen Republik mit ihrer gewählten Regierung gegen den von Franco angeführten Staatsstreich und dessen von Hitler und Mussolini unterstützte Verbände kämpften. Der republikanische Parlamentsvorsitzende Diego Martínez Barrio ließ 1936 fünf Zahlen des spanischen Heeres für die Internationalen Brigaden reservieren: die Nummern von XI. bis XV.	INBRI	665
Zeugen Jehovas (Eigenbezeichnung, »Jehovas Zeugen«) ist eine chiliastisch (endzeitlich) ausgerichtete und nicht-trinitarische Religionsgemeinschaft. Sie bezeichnet ihre innere Verfassung als theokratische Organisation. Sie ging aus der »Internationalen Vereinigung Ernster Bibelforscher« hervor, die im ausgehenden 19. Jahrhundert in den USA von Charles Taze Russell gegründet wurde. Mit ihrer Überzeugung als allein der Gottesherrschaft unterworfene Menschen lehnen sie jegliche Beteiligung an staatlichen Einrichtungen ab, also auch den Wehrdienst. Durch ihren Glauben wurden sie notwendig zu sogenannten »Wehrkraftzersetzern«, die das Naziregime mit Zuchthaus oder mit dem Tod bestraften.	ZEUGE	619

VEREINIGUNG, BEWEGUNG, GRUPPE, KREIS	AKRONYM	ZAHL
Der **Kommunistische Jugendverband Deutschlands** (KJVD) war die Jugendorganisation der Kommunistischen Partei Deutschlands für Jugendliche im Alter von 14 bis 23 Jahren. Der 1920 als »Kommunistische Jugend Deutschlands (KJD)« gegründete Jugendverband ging aus der Freien Sozialistischen Jugend (FSJ) hervor und nannte sich 1925 in KJVD um. 1932 hatte er 50.000 Mitglieder.	KJVD	587
Die **Unabhängige Sozialdemokratische Partei Deutschlands** (USPD) war eine sozialistische Partei im Deutschen Kaiserreich und in der Weimarer Republik. Von Sozialdemokraten in der zweiten Hälfte des Ersten Weltkrieges gegründet, war sie eine Abspaltung der Sozialdemokratischen Partei Deutschlands (SPD). Die USPD bestand nach Parteieintritten von SPD-Mitgliedern, Gründungen von parteiinternen Organisationen und deren Abspaltung sowie zahlreichen Aus- bzw. Übertritten in andere Parteien bis zum Jahr 1931. Die Partei ging aus der im Jahre 1916 von der SPD-Reichstagsfraktion (der 13. Wahlperiode) abgespaltenen Fraktionsgemeinschaft »Sozialdemokratische Arbeitsgemeinschaft (SAG)« hervor. Die Auseinandersetzungen innerhalb der SPD, einschließlich ihrer Fraktion, begannen mit unterschiedlichen Standpunkten in der Frage für oder gegen den Krieg. In diesem Zusammenhang stimmten während des Ersten Weltkrieges Hugo Haase, Karl Liebknecht und andere Angehörige der SPD-Fraktion gegen Kriegskredite im Parlament des Deutschen Reiches bzw. nahmen an den Abstimmungen nicht teil. Ihr führender Kopf war Hugo Haase.	USPD	537

VEREINIGUNG, BEWEGUNG, GRUPPE, KREIS	AKRONYM	ZAHL
Maquis bezeichnet ursprünglich den undurchdringlichen Buschwald in den Mittelmeerländern. Da sich im Maquis traditionell Banditen und Gesetzlose versteckt haben, wird der Begriff häufig im Femininum »la maquis« als Synonym für Untergrundbewegung verwendet. Als Maquis (oder auch als Maquisards) werden insbesondere die französischen Partisanen der Résistance bezeichnet, die sich im Zweiten Weltkrieg in Wäldern und Bergen und anderen wenig bevölkerten Gebieten versteckten. Von dort aus bekämpften sie als erste die deutschen Besatzungstruppen in Frankreich.	MAQUIS	525
Als **Sabotage** bezeichnet man die absichtliche Störung eines wirtschaftlichen oder militärischen Ablaufs zur Erreichung eines bestimmten (oft politischen) Zieles. Im alltäglichen Sprachgebrauch ist mit Sabotage oft die gewaltsame Beschädigung und Zerstörung von Geräten, Maschinen, Infrastruktur usw. gemeint. Sabotage kann auch Fertigungsprozesse, Dokumentation und andere festgelegte Abläufe treffen. Menschen, die Sabotage betreiben, werden als, »Saboteure« bezeichnet. Nach meinem Verständnis kann Sabotage z. B. auch die Weigerung sein, wenn ein nichtjüdischer Ehepartner der von der Nazipartei geforderten Trennung von seinem jüdischen Ehepartner nicht nachkommt.	SABOT	509

VEREINIGUNG, BEWEGUNG, GRUPPE, KREIS	AKRONYM	ZAHL
Die **Rote Hilfe Deutschlands** (RHD) war eine deutsche politische Hilfsorganisation, die der Kommunistischen Partei Deutschlands (KPD) nahestand und von 1924 bis 1936 existierte. Im April 1921 entstanden als Folge der politischen Unterdrückung nach den Märzkämpfen in Mitteldeutschland Rote-Hilfe-Komitees auf Beschluss einer Konferenz der KPD. Im November 1921 konstituierte sich ein Berliner Zentralkomitee. Beim IV. Weltkongress der Komintern in Moskau (Oktober/November 1922 wurde die Bildung eines »proletarischen Roten Kreuzes« beschlossen, der späteren Internationalen Roten Hilfe (IRH, russ. МОПР/ MOPR). Am 1. Oktober 1924 gründete sich dann die »Rote Hilfe Deutschlands« (RHD. Zu den Gründungsmitgliedern gehörte der Künstler Heinrich Vogeler, der auch in den Zentralvorstand gewählt wurde. Ihr erster Vorsitzender war der spätere erste und einzige Präsident Deutschen Demokratischen Republik (DDR) Wilhelm Pieck. Ab 1925 übernahm Clara Zetkin die RHD-Leitung. Nach dem Tod Julian Marchlewskis im selben Jahr leitete sie auch die Internationale Rote Hilfe.	ROHIDE	425
Der **Parti communiste français** (PCF) ist die Französische kommunistische Partei, die zu Beginn des Jahres 2021 insgesamt 43.888 Mitglieder zählte. Der PCF wurde 1920 bei einem Parteitag in Tours nach dem Auseinanderbrechen der SFIO (Französische Sektion der Arbeiterinternationale) gegründet. Als Parteizeitung galt lange »L'Humanité«, die trotz ihrer ideellen Verbundenheit mit der Partei strukturell von dieser unabhängig war. Der Sitz des PCF befindet sich an der »Place du Colonel Fabien« in Paris in einem vom brasilianischen Architekten Oscar Niemeyer entworfenen Betonbau. Die früher mit der Partei eng verbundene Gewerkschaft »Confédération générale du travail« (CGT) agiert heute organisatorisch und inhaltlich unabhängiger vom PCF als früher. Der PCF war vom 10. September 1944 (Amtsantritt des Kabinett de Gaulle I) bis zum 4. Mai 1947 an französischen Regierungen beteiligt.	PCF	417

VEREINIGUNG, BEWEGUNG, GRUPPE, KREIS	AKRONYM	ZAHL
Die **Organisation Civile et Militaire** (kurz: OCM, deutsch: Zivile und Militärische Organisation) war eine der acht großen französischen Widerstandsbewegungen Frankreichs während des Zweiten Weltkrieges. Sie war auch Mitglied des Conseil national de la Résistance (CNR). Sie wurde im Dezember 1940 in Paris gegründet.	ORCIMI	404
Das **Reichsbanner Schwarz-Rot-Gold,** kurz »Reichsbanner«, war während der Weimarer Republik ein politischer Wehrverband zum Schutz der demokratischen Republik, der in veränderter Form bis heute besteht. Anfang der 1930er-Jahre war das »Reichsbanner« mit nach eigenen Angaben ca. 3 Millionen Mitgliedern die größte demokratische Massenorganisation in der Weimarer Republik. Der Verband wurde am 22. Februar 1924 in Magdeburg als »Reichsbanner Schwarz-Rot-Gold, Bund der republikanischen Kriegsteilnehmer« durch eine Initiative aus den drei Parteien der Weimarer Koalition (Sozialdemokratische Partei Deutschlands, Deutsche Zentrumspartei und Deutsche Demokratische Partei) gegründet. Das Reichsbanner sollte dem Schutz der Republik gegen ihre radikalen Feinde dienen. Der damalige und heutige Bundesgruß des Reichsbanners lautet »Frei Heil!« oder »Freiheit!« Der Bund gab die Wochenzeitung »Illustrierte Reichsbanner-Zeitung«, später in »Illustrierte Republikanische Zeitung« umbenannt, sowie die Zeitung »Das Reichsbanner« heraus.	REICH	403

VEREINIGUNG, BEWEGUNG, GRUPPE, KREIS	AKRONYM	ZAHL
Die **Réseau Alliance** (wörtlich: »Netz der Allianz«) war eine Gruppe der französischen Résistance, die in Zusammenarbeit mit dem britischen »Secret Intelligence Service« im besetzten Frankreich Spionage betrieb. Gründer und führende Mitglieder der Allianz stammten aus ultranationalistischen Kreisen um die Gruppe »Cagoule« und standen anfangs dem Vichy-Regime unter Pétain näher als den »Forces françaises libres« (FFL) unter de Gaulle. 1944 wurde die Allianz der FFL angeschlossen. Zwischen 1940 und 1944 gehörten der Allianz bis zu 3000 Menschen an, von denen etwa 1000 Mitglieder durch die Gestapo und andere deutsche Dienststellen verhaftet wurden. Mehr als 400 Mitglieder wurden durch die deutschen Nazis hingerichtet.	RESALL	358
Das **Nationalkomitee Freies Deutschland** war ein Zusammenschluss von deutschen kriegsgefangenen Soldaten und Offizieren mit kommunistischen deutschen Emigranten, die den Faschismus bekämpfen und ein anderes Deutschland konzipieren wollten. Die Vereinigung wurde 1943 in der Sowjetunion gebildet und bestand bis Ende 1945.	NKFD	351
Die **Sozialistische Arbeiter-Jugend** (SAJ) war ein sozialistischer Jugendverband im Umkreis der sozialdemokratischen Parteien in Deutschland und Österreich.	SOAJU	349

VEREINIGUNG, BEWEGUNG, GRUPPE, KREIS	AKRONYM	ZAHL
Das **Hitler-Attentat** vom 20. Juli 1944 war der bedeutendste Umsturzversuch des militärischen Widerstandes in der Zeit des Nazi-Faschismus. Als Voraussetzung für einen Machtwechsel, auch unter dem Gesichtspunkt des »Eides auf den Führer«, galt den Verschwörern die Tötung Adolf Hitlers. Hitler überlebte jedoch die Explosion der am 20. Juli 1944 im Führerhauptquartier »Wolfsschanze« von Claus Schenk Graf von Stauffenberg deponierten Sprengladung mit leichten Verletzungen.	HITAT	340

Dieser Fehlschlag sowie Lücken in der Vorbereitung und das Zögern beim Auslösen der »Operation Walküre«, des Planes zum Staatsstreich, ließen den Umsturzversuch scheitern. Die Beteiligten der Verschwörung stammten vor allem aus dem früheren Adel, der Wehrmacht und der Verwaltung. Sie hatten vielfach Kontakte zum »Kreisauer Kreis« um Helmuth James Graf von Moltke.

Unter den mehr als 200 später wegen der Erhebung Hingerichteten waren Generalfeldmarschall Erwin von Witzleben 19 Generäle, 26 Oberste, zwei Botschafter, sieben Diplomaten, ein Minister, drei Staatssekretäre sowie der Chef des Reichskriminalpolizeiamts; des Weiteren mehrere Oberpräsidenten, Polizeipräsidenten und Regierungspräsidenten.

VEREINIGUNG, BEWEGUNG, GRUPPE, KREIS	AKRONYM	ZAHL
Unter dem Kennwort oder Fahndungsnamen »**Rote Kapelle**« ermittelte die Gestapo gegen Gruppen, die Widerstand gegen den Faschismus im Zweiten Weltkrieg leisteten. »Rot« stand für kommunistisch, »Kapelle« für Funker. Dazu gehörten deutsche Freundeskreise um Harro Schulze-Boysen, Arvid Harnack, Ilse Stöbe und weitere in Berlin/Brandenburg sowie unabhängig von diesen auch nachrichtendienstliche Widerstandsgruppen in Paris und Brüssel, die Leopold Trepper im Auftrag des sowjetischen militärischen Nachrichtendienstes (GRU) aufgebaut hatte. Entgegen der von der Gestapo erfundenen Legende war die »Rote Kapelle« weder kommunistisch gelenkt noch unter einheitlicher Leitung, sondern ein Netz einzelner Gruppen und Personen aus unterschiedlichen Regionen. Namentlich bekannt sind bis heute ca. 400 Personen. Sie druckten illegale Flugblätter, halfen Juden und Oppositionellen und dokumentierten die Verbrechen des NS-Regimes.	ROKA	334
Bewegung Freies Deutschland war die Bezeichnung einiger deutscher Exil- Gruppierungen in verschiedenen Ländern in der Zeit des Faschismus. Ziel war ein freiheitliches Deutschland und somit Widerstand und die Bekämpfung des Faschismus in den Ländern des europäischen Festlandes und in Mexiko, Kommunisten mehrheitlich an der ideologischen Ausrichtung der Organisationen beteiligt waren. In anderen Ländern gab es unterschiedliche Zusammensetzungen von Sozialisten und oder auch konservativ orientierten Kreisen. Viele Bewegungen wurden in den Jahren nach 1945 wieder aufgelöst, da die Regierungen den Einfluss des kommunistischen Gedankenguts dieser Bewegungen und der Hauptbewegung des sowjetgestützten Nationalkomitees Freies Deutschland (NKFD) fürchteten. Als geistige Grundlage der Bewegungen gilt die Exil-Zeitschrift »Freies Deutschland. Alemania libre«, die von 1941 bis 1946 in Mexiko- Stadt herausgegeben wurde.	BFREID	317

VEREINIGUNG, BEWEGUNG, GRUPPE, KREIS	AKRONYM	ZAHL
Die **Résistance** ist ein Sammelbegriff für französische, belgische und luxemburgische Bewegungen im Widerstand gegen das deutsche Naziregime während des Zweiten Weltkriegs sowie gegen die mit der deutschen Besatzungsmacht kollaborierenden inländischen Institutionen und Bevölkerungsgruppen.	RESI	311

Die Widerstandsbewegungen in diesem Gebiet waren nicht einheitlich organisiert und geführt, sondern verfolgten im Sinne ihrer Trägerorganisationen verschiedene Ziele. Im Frühjahr 1943 gelang es Jean Moulin, einem Abgesandten General de Gaulles, in Frankreich die wichtigsten politischen Gruppierungen zumindest auf allgemein gehaltene gemeinsame Ziele festzulegen und eine politische Koordinierungsebene zu etablieren.

Gegen das von den Deutschen verwendete Hakenkreuz wurde in Frankreich auch das von de Gaulle abgeänderte »Lothringer Kreuz« von der Résistance als Symbol für den Befreiungskampf übernommen.

VEREINIGUNG, BEWEGUNG, GRUPPE, KREIS	AKRONYM	ZAHL

Die **Forces françaises combattantes** oder libres (dt. Streitkräfte für ein freies Frankreich) waren französische Truppen, die im Zweiten Weltkrieg nach der Niederlage Frankreichs im Juni 1940 auf der Seite der Alliierten weiter gegen den deutschen NS-Staat, dessen Verbündete und das Vichy-Regime kämpften. Sie wurden am 1. Juli 1940 von Charles de Gaulle im Exil in Großbritannien ins Leben gerufen und eroberten schrittweise die französischen Kolonien in Afrika und im Nahen Osten zurück.

FOFCO   295

Sie vereinigten sich am 1. August 1943 mit der »Armée d'Afrique« unter Henri Giraud zur,»Armée française de la Libération«. Davon zu unterscheiden sind die im Februar 1944 gebildeten »Forces françaises de l'intérieur« als bewaffnete Einheiten der französischen Résistance, die sich jedoch ebenfalls als Truppen des »freien Frankreichs« »(France libre)« bzw. »kämpferischen Frankreichs« »(France combattante)« verstanden. Beide Einheiten waren zusammen mit den Alliierten an der Befreiung Frankreichs von der deutschen Besatzung beteiligt.

Der **Rote Frontkämpferbund** (RFB) – auch »Rotfrontkämpferbund« – war der paramilitärische Wehrverband der Kommunistischen Partei Deutschlands (KPD) und wie alle Wehrverbände in der Weimarer Republik als Verein organisiert. Der RFB wurde 1924 gegründet und war die Nachfolgeorganisation der aus den Proletarischen Hundertschaften und des vom Spartakusbund begründeten Roten Soldatenbunds aus Veteranen des Ersten Weltkriegs. Er verfügte mit der »Roten Jungfront« über eine eigene Jugend- sowie mit dem »Roten Frauen- und Mädchenbund« über eine eigene Frauenabteilung und wurde 1929 unter dem Eindruck der Ereignisse des »Blutmai« auf Grundlage des Republikschutzgesetz und des Reichsvereinsgesetz in Preußen als größter Gliedstaat der Weimarer Republik verboten.

ROFRO   282

VEREINIGUNG, BEWEGUNG, GRUPPE, KREIS	AKRONYM	ZAHL
Die **Nationalsozialistische Deutsche Arbeiterpartei** (NSDAP) war eine in der Weimarer Republik gegründete politische Partei, deren 25-Punkte-Programm von eliminatorischer Judenfeindschaft und Nationalismus sowie der Bekämpfung von Demokratie und Marxismus bestimmt war. Bereits ihre Namengebung war ein Akt der Täuschung und Demagogie gegenüber den breiten Volksmassen, die auf eine Verbesserung der Lebensverhältnisse hofften. Allein wegen dieser Täuschungsabsicht sollte dieser Parteiname nur in Anführungszeichen verwendet werden. Sie war als straffe Führerpartei organisiert. Ihr Parteivorsitzender war ab 1921 der spätere Reichskanzler Adolf Hitler, der sich zum »Führer« hochstilisieren ließ und unter dem sie das sog. Dritte Reich von 1933 bis 1945 als einzige zugelassene Partei beherrschte.	NSDAP	243
Die **Revolutionäre Gewerkschafts-Opposition** (RGO) war 1928/29 zunächst eine organisierte kommunistische Strömung in den freien Gewerkschaften. Ab Ende 1929 trat die RGO als KPD-nahe Gewerkschaft auf, die 1930/31 einzelne Industrieverbände gründete. Teile der RGO waren im Widerstand gegen den Faschismus aktiv.	REVGO	237
Die Rote Arbeiter- und Bauernarmee, kurz **Rote Armee** war die Bezeichnung für das Heer und die Luftstreitkräfte Sowjetrusslands bzw. ab 1922 der Sowjetunion. Sie stammte aus der unmittelbaren Zeit nach der Oktoberrevolution, als die Bolschewiki eine Armee konstituierte, die im Russischen Bürgerkrieg Militärverbänden ihrer Gegner (insbesondere die unter dem Oberbegriff »Weiße Armee« zusammengefassten Gruppen) gegenüberstand. Deutsche Soldaten, die zwischen 1941 und 1945 von der Wehrnacht desertierte, ließen sich in zahlreichen Fällen als Partisanenkämpfer in der Roten Armee ausbilden und kämpften dann gegen Nazideutschland.	ROTA	230

VEREINIGUNG, BEWEGUNG, GRUPPE, KREIS	AKRONYM	ZAHL
Wehrkraftzersetzung war die Bezeichnung für einen grundsätzlich mit Todesstrafe bedrohten Straftatbestand in Nazideutschland, der 1938 in der Kriegssonderstrafrechtsverordnung (KSSVO) neu gefasst und am 26. August 1939 kurz vor Kriegsbeginn (1. September 1939) im Reichsgesetzblatt veröffentlicht wurde. Zu den aufgeführten Tatbeständen gehörten Kriegsdienstverweigerung, defätistische Äußerungen und Selbstverstümmelung Der Tatbestand der Wehrkraftzersetzung war von den Protagonisten der Militärgerichtsbarkeit der NS-Militärjustiz bereits frühzeitig, vermutlich seit 1934, als Ergänzung des Wehrrechts gefordert und in der Folgezeit immer wieder in verschiedenen Ausformungen angeregt worden. Es galt Situationen wie in der Novemberrevolution 1918 mit strafrechtlichen Mitteln und unter exzessiver Anwendung der Todesstrafe zu verhindern, um derart »revolutionäre Erscheinungen« und »seelische Zersetzung(en)« zu unterdrücken.	WEHRZE	216
Die **Organisation de résistance de l'armée«** (ORA) war eine französische paramilitärische Widerstandsorganisation während des Zweiten Weltkriegs. General Aubert Frère führte die ORA von der Gründung 1940 bis zu seiner Verhaftung und Deportation 1943 ins KZ Natzweiler-Struthof, wo er am 13. Juni 1944 starb.	ORELA	208

VEREINIGUNG, BEWEGUNG, GRUPPE, KREIS	AKRONYM	ZAHL
Der **Allgemeine Deutsche Gewerkschaftsbund** war von Juli 1919 bis Mai 1933 der Dachverband der Freien Gewerkschaften in Deutschland. Der ADGB war bis zur Zerschlagung durch die »Nationalsozialisten« die weltweit größte nationale gewerkschaftliche Dachorganisation. Der Allgemeine Deutsche Gewerkschaftsbund wurde auf dem ersten Nachkriegskongress der Freien Gewerkschaften am 5. Juli 1919 in Nürnberg als neuer Dachverband und organisatorischer Nachfolger der Generalkommission der Gewerkschaften Deutschlands gegründet. Die Delegierten wählten Carl Legien, den bisherigen Vorsitzenden der Generalkommission, zum ersten Vorsitzenden der neuen Organisation. Nach dem Tod von Carl Legien im Jahr 1921 wurde Theodor Leipart Vorsitzender der Organisation. Höchstes Gremium des ADGB war der alle drei Jahre tagende Bundeskongress. Auf örtlicher Ebene existierten Ortsausschüsse des ADGB.	ADGB	205
Die **Kommunistische Partei Österreichs** (bis 1920, »Kommunistische Partei Deutschösterreichs«) ist eine am 3. November 1918 gegründete österreichische politische Partei, die zu den ältesten kommunistischen weltweit zählt. Vertreter der KPÖ nahmen in der Vergangenheit unregelmäßig am Internationalen Treffen Kommunistischer und Arbeiterparteien teil.	KPÖ	202
Die **Uhrig-Römer-Gruppe** war eine reichsweite kommunistische Widerstandsgruppe gegen den Faschismus. Sie hatte ihren Kern in Berlin und Brandenburg. Robert Uhrig und Josef Römer haben diese Widerstandsgruppe geführt. Sie wurde 1938 durch Robert Uhrig gegründet.	UHRÖM	173

VEREINIGUNG, BEWEGUNG, GRUPPE, KREIS	AKRONYM	ZAHL
Die **Saefkow-Jacob-Bästlein-Organisation** war eine im Untergrund agierende Widerstandsorganisation während des Zweiten Weltkrieges, die illegal die Zeitschrift »Die Innere Front« herausgab. In den 1940er Jahren versuchte die im Untergrund arbeitende Kommunistische Partei Deutschlands (KPD) mit Unterstützung aus der UdSSR eine zentrale »operative Leitung« in Deutschland aufzubauen. Insbesondere 1943 und 1944 war diese aktiv. Sie war eine der größten Gruppen der deutschen Widerstandsbewegung gegen den NS-Staat. Ihr Zentrum war Berlin. Viele Mitglieder wurden 1944 von der Geheimen Staatspolizei verhaftet und später ermordet.	SAEJAB	170
Libération-Nord war eine der wichtigsten Résistance-Organisationen der nördlichen besetzten Zone Frankreichs während des Zweiten Weltkriegs. Sie war eines der acht großen Netzwerke, die den Nationalen Rat der Résistance (»Conseil national de la Résistance«) bildeten. Ursprünglich eine Untergrund-Zeitung, entwickelte sich die »Libération-Nord« zwischen Dezember 1940 und November 1941 allmählich zu einer Widerstandsbewegung. Sie ging aus einigen nicht-kommunistischen Organisartionen hervor und formierte sich um Christian Pineau und die Gruppe des »Manifest der Zwölf«.	LINO	168

VEREINIGUNG, BEWEGUNG, GRUPPE, KREIS	AKRONYM	ZAHL
Combat (Kampf)war eine französische Résistance-Gruppe, die 1941 aus dem Zusammenschluss von zwei älteren Résistance-Gruppen entstand. Im Juli 1940 hatte Henri Frenay in Marseille die Gruppe »Vérité« (Wahrheit) gegründet, die eine Untergrundzeitschrift herausgab und Überfallaktionen unternahm. Die andere, »Liberté« (Freiheit), wurde von Universitätsprofessoren der politischen Rechten gegründet. Ihr gehörte auch Georges Bidault an. 1941 übernahm Henri Frenay die Leitung der Bewegung »Combat«. Sie wurde zeitweilig die wichtigste Widerstandsgruppe im städtischen Frankreich. Sie gab an ihrem geheimen Sitz in Lyon ab Dezember 1941 die Untergrundzeitung »Combat« heraus, an der auch Albert Camus maßgeblich mitwirkte. Diese erreichte zuletzt die Auflage von 300.000 Exemplaren.	COMB	166
Die **Sozialistische Arbeiterpartei Deutschlands** (SAPD, häufig auch Sozialistische Arbeiterpartei, SAP genannt) war eine linkssozialistische]], marxistische Partei, die am 4. Oktober 1931 in Berlin gegründet wurde und bis 1945 bestand.	SAPDE	166
Die **Verordnung über außerordentliche Rundfunkmaßnahmen** vom 1. September 1939, dem ersten Tag des Zweiten Weltkriegs, kündigte im Großdeutschen Reich für das Abhören aller ausländischen Radiosender Freiheitsstrafen und für die Verbreitung von Nachrichten ausländischer Sender unter bestimmten Voraussetzungen die Todesstrafe an. Beides wurde im nationalsozialistischen Deutschland auch mit dem Begriff »Rundfunkverbrechen« belegt. Unter das Abhörverbot fielen auch Sender derjenigen Länder, die mit dem NS-Staat verbündet waren sowie von neutralen Ländern, wie etwa Schweden oder die Schweiz.	RADIO	163

VEREINIGUNG, BEWEGUNG, GRUPPE, KREIS	AKRONYM	ZAHL
Der **Widerstand im KZ Buchenwald** waren die vielfältigen Aktionen von Häftlingen des Konzentrationslagers Buchenwald gegen die Maßnahmen des Nazi-Wachpersonals zur Ermordung der Häftlinge bis hin zur Übernahme der Lagerleitung im April 1945. Er war Bestandteil des Widerstands gegen den Nazifaschismus. Das »Internationale Lagerkomitee Buchenwald« war ein konspiratives Organ von Häftlingen des Konzentrationslagers Buchenwald. Mit dem Eintreffen von politischen Häftlingen aus den von Deutschland besetzten Ländern im KZ Buchenwald fanden die deutschen Antifaschisten Kontakte zu den jeweiligen nationalen Gruppen. Daraus entstand im Juli 1943 das »Internationale Lagerkomitee« (ILK), das unter Leitung des deutschen Kommunisten Walter Bartel als illegales, konspiratives Zentrum der politischen Nazigegner den Widerstand im Lager organisierte. Gründungsort und Treffpunkt des ILK war ein abgeschirmter Raum im Häftlingskrankenbau. Im ILK waren in einem »romanischen Sektor« und einem »slawisch-deutschen Sektor« alle großen Nationen vertreten. Unter ihrer Leitung wurde auch eine Internationale Militärorganisation Buchenwald (IMO) gebildet, die bei der Flucht der SS die Gewalt über das Lager übernahm und es nach zwei Tagen der US-Armee übergab.	WIBU	162
Der **Deutsche Metallarbeiter-Verband** (DMV) war ein freigewerkschaftlicher Verband der Metallarbeiter. Er wurde auf dem Metallarbeiterkongress in Frankfurt am Main vom 1. bis 6. Juni 1891 zum 1. August 1891 gegründet. Im Zuge der Gleichschaltung der freien Gewerkschaften nach der Machtübertragung an die NSDAP wurde die Gewerkschaft am 2. Mai 1933 zwangsweise aufgelöst.	DEMEV	155

VEREINIGUNG, BEWEGUNG, GRUPPE, KREIS	AKRONYM	ZAHL
Die **Internationale Rote Hilfe** (IRH); auch bekannt unter dem russischen Akronym »МОПР bzw. »MOPR« für, »Me дунаро дна организа и по мо и бор а м рево ии«) war eine internationale Hilfsorganisation, die mit der kommunistischen Internationale verbunden war. Die IRH wurde 1922 als politisches Gegenstück zum Internationalen Roten Kreuz in Moskau gegründet. Die IRH organisierte Kampagnen zur Unterstützung von kommunistischen Gefangenen und sammelte Material für humanitäre Hilfe. Sie richtete auch Heime für Kinder verfolgter oder verhafteter Revolutionäre ein, z. B. in Worpswede (Barkenhoff), Hotel am Wald (Elgersburg) und in der Sowjetunion in Iwanowo.	INROH	153
Comité Allemagne libre pour l'Ouest, das, »Komitee Freies Deutschland für den Westen« (KFDW) ein Zweig der Freien Deutschen Bewegung in Frankreich, der ab September 1943 aktiv war. Zu den Wurzeln der Bewegung wird die Exil-Zeitschrift »Freies Deutschland. Alemania libre« gezählt, die von 1941 bis 1946 in Mexiko-Stadt herausgeben wurde. Neben den Gruppierungen in Frankreich gab es auf mehreren Kontinenten ähnlich geartete Exilgruppen der »Freien Deutschen Bewegung«, die von deutschen Intellektuellen, Offizieren und Widerstandskämpfern organisiert wurden.	CALPO	152

VEREINIGUNG, BEWEGUNG, GRUPPE, KREIS	AKRONYM	ZAHL
Die **Kommunistische Partei-Opposition** (auch »KPD-Opposition«; kurz »KPD-O«) war eine 1928/29 entstandene Abspaltung der Kommunistischen Partei Deutschlands (KPD). Nach dem VI. Weltkongress der Kommunistischen Internationale vollzog die KPD 1928 zusammen mit den anderen Sektionen der Komintern eine »ultralinke« Wende. Sie brach mit der 1925/26 wieder aufgenommenen Politik der »Einheitsfront«, die in bestimmten Situationen – etwa bei der Auseinandersetzung um die Fürstenenteignung – eine auch formalisierte Zusammenarbeit mit der Sozialdemokratie vorgesehen hatte. Auf der Grundlage der Analyse des VI. Weltkongresses, dass die Phase der Stabilisierung des Kapitalismus zu Ende gehe, die Arbeiterbewegung sich radikalisiere und ein neuer »revolutionärer Aufschwung« bevorstehe, richtete die Partei ihren »Hauptstoß« nun gegen die SPD (siehe Sozialfaschismus-These).	KPD-O	147
Die **Special Operations Executive** (SOE) war der britische Nachrichtendienst für Spezialeinsätze während des Zweiten Weltkriegs, der Mitte Juli 1940 unter dem Tarnnamen, »Inter Services Research Bureau« auf Anordnung von Premierminister Winston Churchill zur subversiven Kriegsführung ohne direktes militärisches Engagement, nach dem Vorbild der IRA. Die SOE entstand aus der Zusammenlegung von drei verschiedenen bereits bestehenden und geheim operierenden Abteilungen anderer Ministerien. Die Aufgaben der Spezialeinheit SOE bestanden in Sabotageaktionen hinter den feindlichen Linien sowie in der Unterstützung und Versorgung von lokalen Widerstandsgruppen in den von den Deutschen besetzten Ländern.	SOEXE	145

VEREINIGUNG, BEWEGUNG, GRUPPE, KREIS	AKRONYM	ZAHL
Die **Francs-tireurs et partisans – main d'œuvre immigrée** waren eine Untergruppe der Organisation Francs-tireurs et partisans (FTP). Die Gruppe gehörte während des Zweiten Weltkrieges zur Résistance. Die FTP-MOI bestand größtenteils aus Immigranten und war eine bewaffnete Gruppe, die Widerstand gegen die deutsche Besatzungsmacht in Frankreich ausübte. Die Main-d'œuvre immigrée war gewissermaßen die »Immigranten-Bewegung« der FTP.	FTP-MOI	141
Goerdeler-Kreis. 1943 schrieb Carl Friedrich Goerdeler in einem Positionspapier für die britische Regierung: »Das deutsche Volk muss und wird sich selbst von einem System befreien, das unter dem Schutz des Terrors ungeheuerliche Verbrechen begeht und Recht, Ehre und Freiheit des deutschen Volkes zerstört hat.« In den USA wurde Goerdelers Entwicklung merkwürdigerweise nicht bemerkt. - Im Zusammenwirken mit dem früheren Generalstabschef des Heeres Ludwig Beck entwickelte Goerdeler – ausgehend von der bereits seit 1863 in Berlin bestehenden Mittwochsgesellschaft, einem Kreis nationaler und konservativer Politiker – in den folgenden Jahren den Kern einer Widerstandsgruppe gegen die NS-Regierung. Zu diesem Kreis stießen zwischen 1941 und 1943 auch Sozialdemokraten wie Wilhelm Leuschner und ehemalige Funktionäre der christlichen Gewerkschaften wie Jakob Kaiser und Bernhard Letterhaus. Leuschner, Kaiser und Letterhaus hatten bereits 1933 im sogenannten Führerkreis der vereinigten Gewerkschaften zusammengearbeitet. In Leipzig wurden der Bankier Wilhelm Schomburgk und der Unternehmer Walter Cramer zu Goerdelers engsten Vertrauten. Regelmäßige Gesprächspartner Goerdelers in Berlin waren vor allem Ulrich von Hassell, Paul Lejeune-Jung, Erwin Planck, Johannes Popitz, Josef Wirmer, Max Habermann, Albrecht Haushofer, Carl Langbehn und Jens Jessen.	GOEK	136

VEREINIGUNG, BEWEGUNG, GRUPPE, KREIS	AKRONYM	ZAHL
Geld und Aufträge verteilte Goerdeler auch an Kurt Megelin vom linkssozialistischen »Roten Stoßtrupp«, der wiederum gemeinsam mit seiner Frau Else gute Beziehungen zu Wilhelm Leuschner unterhielt.		
Die **Section française de l'Internationale ouvrièr** (SFIO die Französische Sektion der Arbeiter-Internationale) war eine von 1905 bis 1969 bestehende sozialistische Politische Partei in Frankreich. Ihre Nachfolgerin ist die heutige Parti Socialiste (PS).	SEFIOU	135
Die **Assoziation revolutionärer bildender Künstler Deutschlands**, kurz, »Asso«, war ein Zusammenschluss kommunistischer Künstler. Sie wurde im März 1928 gegründet. Auf ihrem Berliner Kongress im November 1931 wurde der Name in »Bund revolutionärer bildender Künstler Deutschlands« (»BRBKD«) geändert. Die Gruppe wurde 1933 in der Anfangszeit des Nazifaschismus verboten.	ASSO	132
Ceux de la Résistance (kurz: CDLR; deutsch: »diejenigen des Widerstandes«) war eine der acht großen Bewegungen des französischen Binnenwiderstands/Nationalen Widerstands während des Zweiten Weltkriegs in Frankreich. Die CDLR war später auch Mitglied des Conseil national de la Résistance (Nationalen Widerstandsrates) (CNR). Die CDLR war innerhalb der Résistance bedeutend und sollte nicht mit der Ceux de la Libération (CDLL) verwechselt werden.	CEURES	129
Das **Corps Franc Pommiès**, das von André Pommiès, Hauptmann des 18. Infanterieregiments in Pau, gegründet wurde, war eine sehr aktive Gruppe im Südwesten Frankreichs. Bis zur Befreiung im August 1944 wurden zahlreiche Anschläge in der Region verübt, unterstützt von ehemaligen Kämpfern des Spanischen Bürgerkrieges.	COFRAP	121

VEREINIGUNG, BEWEGUNG, GRUPPE, KREIS	AKRONYM	ZAHL
Der **Kampfbund gegen den Faschismus** war eine Nebenorganisation der Kommunistische Partei Deutschlands(KPD). Er wurde 1930 gegründet und bestand bis zum Beginn der Nazi-Herrschaft 1933. Die Organisation wurde als Nachfolgeorganisation des verbotenen Rotfrontkämpferbundes gegründet. Dieser bestand nur als illegale Organisation weiter. Der Kampfbund war auch eine Reaktion auf die Entstehung der Schutzformationen (Schufos) des Reichsbanners Schwarz-Rot- Gold. Im Gegensatz zum 1931 gegründeten Parteiselbstschutz der KPD durften die Mitglieder des Kampfbundes keine Waffen tragen. Die Aufgabe des Bundes war es, auf legalem Boden öffentlich sichtbar der NSDAP entgegenzutreten. Gleichzeitig wandte er sich gegen das kapitalistische System. Im Zuge der »Einheitsfronttaktik von unten« sollte die Organisation neben kommunistischen auch sozialdemokratische Arbeiter ansprechen.	KAGFA	119
Antifa-Schule war eine Kurzbezeichnung für die »Antifaschistischen Frontschulen«, die im Zweiten Weltkrieg auf Initiative der Kommunistische Internationale (Komintern) für Kriegsgefangene des Zweiten Weltkrieges (deutsche Kriegsgefangene) in der Sowjetunion eingerichtet wurden. Als eines der wichtigsten Ausbildungsziele nannte Walter Ulbricht: »*Der Aufenthalt im Lager muss zu einer Schule für den deutschen* Soldaten werden, damit möglichst viele als antifaschistische Kämpfer nach Deutschland zurückkehren.«	ANFASC	114

VEREINIGUNG, BEWEGUNG, GRUPPE, KREIS	AKRONYM	ZAHL

Der **Antimilitärische Apparat**, auch Militärischer Apparat $\quad$ M-APP $\quad$ 114
(M-Apparat), Abteilung Militärpolitik (AM-Apparat),
Militärpolitischer Apparat oder Der Apparat, war der von
1920 bis 1937 bestehende Nachrichtendienst der Kommunistischen Partei Deutschlands (KPD). Der Nachrichtendienst wurde anfangs von der Kommunistischen
Internationale (Komintern) und später vom Politbüro
der Kommunistischen Partei der Sowjetunion (KPdSU)
kontrolliert und finanziert. Der Antimilitärische Apparat sollte in den frühen 1920er Jahren einen kommunistischen Umsturz in Deutschland vorbereiten. Ab 1925
wandelte er sich in ein geheimes Netzwerk, das die Funktionäre und Mitglieder der KPD überwachte. Nach der
Machtübergabe an die Nazis 1933 wurde der Apparat
unter sowjetischem Einfluss zu einer Spionageorganisa-
tion, die direkt an die KPdSU und die Rote Armee der
Sowjetunion berichtete und unabhängig von der Führung
der KPD agierte. Es gelang dem Nachrichtendienst nicht,
in Deutschland einen effektiven Widerstand gegen die
Nationalsozialisten aufzubauen.

1937 wurde der Apparat durch massiven Fahndungsdruck
der Nazi-Behörden und durch heftige Kritik der Exilführung der KPD um Walter Ulbricht zerschlagen und
seine leitenden Mitglieder im sowjetischen Exil angeklagt
und vielfach ermordet. Während der Zeit der Stalinschen
Säuberungen im Großen Terror wurden Erkenntnisse des
Nachrichtendienstes häufig zu Belastungsmaterial gegen
Funktionäre und Mitglieder der KPD im Exil.

VEREINIGUNG, BEWEGUNG, GRUPPE, KREIS	AKRONYM	ZAHL
Die **Knöchel-Seng-Gruppe** (auch: die »Knöchel-Organisation«) war ein kommunistisches Widerstandsnetzwerk gegen den Faschismus. Die Knöchel-Seng- Gruppe war vor allem publizistisch und organisatorisch tätig. Wilhelm Knöchel und Willi Seng waren die führenden Köpfe in dieser Widerstandsgruppe. Sie hatte ihre lokalen Schwerpunkte in Duisburg, Wuppertal, Düsseldorf, Berlin und Amsterdam und hatte keine zentrale, deutsche Inlandsleitung und war dementsprechend in Deutschland dezentral organisiert. Aber den Standort Amsterdam kann man als »Zentrale« dieses Widerstandsnetzwerkes bezeichnen. Das Widerstandsnetzwerk hatte sich die folgenden Ziele gesetzt: – Aufbau neuer Zellen – Herstellung und Vertrieb von Infomaterial, Untergrundschriften und Streublättern – Sammlung von Informationen über die Stimmung in der Bevölkerung und die Weiterleitung an die Zentrale in Amsterdam.	KNÖSE	111
Die **Bästlein-Jacob-Abshagen-Gruppe** war eine Widerstandsorganisation um die KPD- Mitglieder Bernhard Bästlein, Franz Jacob und Robert Abshagen, die von 1940 bis zum Kriegsende 1945 gegen das Nazi-Regime kämpfte. Sie war mit etwa 300 Mitgliedern in über dreißig Hamburger Betrieben die größte regionale Widerstandsorganisation gegen den Faschismus in Hamburg.	BÄJAG	106
De Zwarte Hand (Die Schwarze Hand) war eine Widerstandsgruppe im von der deutschen Wehrmacht während des Zweiten Weltkriegs besetzten Belgien. Die Gruppe war vorrangig in der Provinz Antwerpen aktiv. Im Herbst 1941 wurde die größtenteils aus sehr jungen Männern bestehende Gruppe entdeckt, und 1943 wurden zwölf ihrer Mitglieder hingerichtet. Die übrigen Angehörigen der Gruppe wurden in verschiedene Konzentrationslager verschleppt; von 109 Männern erlebten nur 37 das Kriegsende.	DEZWA	106

VEREINIGUNG, BEWEGUNG, GRUPPE, KREIS	AKRONYM	ZAHL
Arbeiter- und Soldatenräte gab es bereits in der Russischen Revolution 1917, entsprechend entstand dort der Begriff »Sowjet« (dt. »Rat«). Auch in der deutschen Novemberrevolution 1918 waren Organe der Selbstverwaltung] in den Städten oft überwiegend aus Arbeitern und Soldaten zusammengesetzt, die unter anderem das Ziel verfolgten, die Hohenzollern-Monarchie zu stürzen und den Ersten Weltkrieg zu beenden. Sie nahmen die Sowjets (deutsch: »Räte«) der russischen Oktoberrevolution zum Vorbild. In ihrer Mehrheit bestanden sie aus Anhängern der Sozialdemokratischen Partei Deutschlands (SPD) und der Unabhängige Sozialdemokratische Partei Deutschlands (USPD). Die Institution der Räte bildet das wichtigste Element der Rätedemokratie/Räterepublik sowie damit zusammenhängend der politischen Strömung des Rätekommunismus.	ASORA	105
Der **Spartakusbund** war eine Vereinigung von marxistischen Sozialisten zum Ende des Deutschen Kaiserreichs, die während des Ersten Weltkrieg am Ziel einer internationalen Revolution des Proletariats festhielten, um Kapitalismus, Imperialismus und Militarismus weltweit zu stürzen. Diese Ziele verfolgte ab August 1914 die »Gruppe Internationale« als oppositionelle Gruppe innerhalb der Sozialdemokratischen Partei Deutschlands (SPD). Sie nannte sich ab 1916 »Spartakusgruppe« und schloss sich 1917 der von der SPD abgespaltenen Unabhängigen Sozialdemokratischen Partei Deutschlands (USPD) als linker Flügel an. In der Novemberrevolution 1918 gründete sich der Bund neu als deutschlandweite, parteiunabhängige Organisation mit dem Namen »Spartakusbund« und dem Ziel einer gesamtdeutschen Räterepublik. Am 1. Januar 1919 ging er in der neu gegründeten Kommunistischen Partei Deutschlands (KPD) auf.	SPARTA	104

VEREINIGUNG, BEWEGUNG, GRUPPE, KREIS	AKRONYM	ZAHL
Der Name des Bundes bezog sich auf Spartacus, den Anführer eines Sklavenaufstands (73–71 v. Chr.) im antiken Römischen Reich. Sein Name symbolisierte für die Spartakisten den andauernden Widerstand der Unterdrückten gegen ihre Ausbeuter. Sie drückten damit die marxistische Auffassung des historischen Materialismus aus, wonach die Geschichte von Klassenkämpfen vorangetrieben werde.		
Ceux de la Libération (kurz: CDLL; deutsch »Diejenigen der Befreiung«) war eine der bedeutenden Organisationen innerhalb der Résistance während des Zweiten Weltkriegs. »Ceux de la Libération« war auch Mitglied des Conseil national de la Résistance (Nationalen Widerstandsrates) (CNR). Die CDLL ist nicht mit Ceux de la Résistance (CDLR) zu verwechseln.	CEULIB	98
Der **Service du travail obligatoire** (STO, »Pflichtarbeitsdienst«) war im Zweiten Weltkrieg eine Organisation zur Zwangsrekrutierung junger Franzosen durch das Vichy-Regime zum Einsatz in der deutschen Kriegswirtschaft. Bis zum Kriegsende betroffen waren Personen mit den Jahrgängen 1920 bis 1922. Der STO wurde mit einem Gesetz vom 16. Februar 1943 gegründet, nachdem die Vorgängerorganisation, »Relève« (frz. für »Ablösung«smannschaft, Nachwuchs) aus dem Jahre 1942, die ebenfalls auf Gesetzen des Vichy-Regimes beruhte, fehlgeschlagen war, da sich auf Fritz Sauckels ursprüngliche Aufforderung nur 50.000 Arbeiter gemeldet hatten.	SETROB	96

VEREINIGUNG, BEWEGUNG, GRUPPE, KREIS	AKRONYM	ZAHL
Das **Comité français de Libération nationale**, kurz CFLN), dt. Komitee für die nationale Befreiung wurde am 3.Juni 1943 in Algier von Charles de Gaulle und dem ranghöheren General Henri Giraud auf US-amerikanischen Druck als anfangs gleichberechtigte Präsidenten gegründet. Es ist nicht zu verwechseln mit dem 1940 von de Gaulle in London gegründeten »France libre, dt. Komitee Freies Frankreich«.	COFLI	91
Die **Confrérie Notre-Dame** (CND) war ein Nachrichten-Netzwerk des französischen Widerstands während der Deutschen Besetzung Frankreichs im Zweiten Weltkrieg. Der Vorläufer der Organisation wurde im Juni 1940 von Louis de La Bardonnie, einem Winzer aus dem Département Dordogne, gegründet. Im November 1940 stieß Gilbert Renault hinzu, der vor den Deutschen nach Großbritannien geflohen war und im Auftrag Charles de Gaulles nach Frankreich zurückkehrte. Das Netzwerk nannte sich nun Confrérie Notre-Dame (Bruderschaft Unsere Frau), der gewählte Name sollte sie unter den Schutz der Jungfrau Maria stellen.	CONOD	87
Die **Marxistische Arbeiterschule** (Abkürzung:, »MASCH« oder MASch) war eine auf Beschluss der Berliner Bezirksleitung der KPD 1925 gegründete Bildungseinrichtung vor allem für Arbeiter, die sich zu einer bedeutenden Bildungseinrichtung entwickelte. Mitbegründer waren Hermann Duncker, Johann Lorenz Schmidt, Eduard Ludwig Alexander. Leiter der MASCH wurde Hermann Duncker. Nach ihrer Machtergreifung lösten die Nazis im Frühjahr 1933 die Marxistischen Arbeiterschulen auf.	MASCH	86

VEREINIGUNG, BEWEGUNG, GRUPPE, KREIS	AKRONYM	ZAHL
Der **Bund der Kommunisten Jugoslawiens**, kurz, »BdKJ« (serbokroatisch »Savez komunista Jugoslavije«, SKJ), war von 1945 bis 1990 die Regierungspartei in Jugoslawien. Bis 1952 nannte sie sich »Kommunistische Partei Jugoslawiens«, kurz KPJ. Die Kommunistische Partei Jugoslawiens (KPJ) wurde 1919 gegründet. Bei den ersten Wahlen im neu entstandenen Königreich Jugoslawien erzielten die Kommunisten ein überraschend gutes Ergebnis, obwohl die Partei noch kaum organisatorische Strukturen hatte. 1921 wurde die KPJ als staatsfeindliche Organisation verboten. Die kaum 1000 Mitglieder agierten bis zum Zweiten Weltkrieg aus der Illegalität heraus, ohne größeren Einfluss auf die Bevölkerung gewinnen zu können. Parteikongresse fanden während dieser Zeit im Ausland statt (1922, 1923 und 1926 in Wien, 1928 in Dresden). Innerparteilich war diese Zeit von erbitterten Kämpfen verschiedener kommunistischer Strömungen gekennzeichnet. Im Zweiten Weltkrieg rückte die KPJ ab etwa 1942 innerhalb der jugoslawischen Partisanenbewegung an die erste Stelle, die kommunistische Volksbefreiungsarmee war stärkste Kraft im Kampf gegen die deutschen und italienischen Besatzer. 1944/45 übernahmen die Kommunisten die Macht und wandelten Jugoslawien in einen Einparteienstaat um.	BUKOJU	85

VEREINIGUNG, BEWEGUNG, GRUPPE, KREIS	AKRONYM	ZAHL
Die **Kommunistische Internationale** (kurz, »Komintern«, auch, »KI«), auch, »Dritte Internationale« genannt, war ein internationaler Zusammenschluss kommunistischer Parteien zu einer weltweiten gemeinsamen Organisation. Die Gründung erfolgte 1919 in Moskau auf Initiative Lenins, der die Zweite Internationale mit Ausbruch des Ersten Weltkrieges 1914 für tot erklärt hatte. Während des Zweiten Weltkrieges löste Stalin 1943 die Kommunistische Internationale als Zugeständnis an seine westlichen Alliierten in der Anti-Hitler-Koalition – die USA]] und Großbritannien – überraschend auf. Ab Mitte der 1920er Jahre wurde die Komintern im Zuge der sogenannten Bolschewisierung der kommunistischen Parteien weitgehend von der Kommunistischen Partei Russlands (Bolschewiki), ab 1952 KPdSU]] genannt, dominiert und diente als Einflussinstrument auf kommunistische Parteien und Organisationen in anderen Ländern. Die bedeutendste Sektion außerhalb der Sowjetunion bildete dabei die Kommunistische Partei Deutschlands.	F-KOMI	85
Die **Société nationale des chemins de fer français** (dt. Nationale Gesellschaft der französischen Eisenbahnen ist die staatliche Eisenbahngesellschaft Frankreichs mit Sitz in Saint-Denis bei Paris. Sie betreibt beinahe den kompletten Schienenverkehr in Frankreich und in Monaco, den Hochgeschwindigkeitszug TGV, Teile des Pariser Vorortverkehrs Réseau express régional d'Île-de-France (RER) sowie die Linie 4 der Pariser Straßenbahn. Ihr Teilunternehmen SNCF Réseau ist Eigentümer des Streckennetzes. Die SNCF ist Mitglied der Railteam-Allianz.	SONCAF	81

VEREINIGUNG, BEWEGUNG, GRUPPE, KREIS	AKRONYM	ZAHL
Literatur ist der Sammelbegriff für alle geschriebenen und gedruckten Bekenntnisse, Berichte, Beschreibungen, Meinungen und Überzeugungen in der Form des Briefes, des Artikels, der Erzählung und des Romans – um die wichtigsten zu nennen. Einer oder mehrerer dieser Formate haben sich auch Widerstandskämpfer in der Aufstiegsphase, während der Regierungszeit des Naziregimes und danach bedient. Der Kontrolle und des Kampfes gegen ihre Verfasser haben sich daher auch die Machtorgane des Nazistaates ausgiebig befleißigt. Diese Literatur konnte Auslöser für Schreib- und Druckverbote, für Ausmerzung aus Bibliotheken und für öffentliche Scheiterhaufen sein. Das gesprochene und geschriebene Wort konnte zu langen Zuchthausstrafen und zur Ermordung führen.	LITERA	73
Die **Kommunistische Partei der Sowjetunion** (KPdSU) war eine marxistisch-leninistische und von Stalin dirigierte Partei in Sowjetrussland und der Sowjetunion. Sie wurde 1918 nach der Oktoberrevolution in Russland von Sozialdemokratische Arbeiterpartei Russlands (Bolschewiki) (SDAPR (B) in Kommunistische Partei Russlands (Bolschewiki) (KPR (B) umbenannt. 1925 erhielt sie den Namen Kommunistische Allunions-Partei (Bolschewiki) (WKP(B).	KPDSU	72
Combat Zone Nord (Kampfzone Nord) war eine französische Widerstandsorganisation, die der Combat angegliedert war. Sie erhielt Ende 1941 diesen Namen; von ihren Mitgliedern wurde sie ursprünglich nach dem Titel ihrer Untergrundzeitung »Les Petites Ailes« (Die kleinen Flügel) benannt. Von der Gestapo wurde sie mit dem Namen »Nationale Befreiung« bezeichnet.	COZON	70

VEREINIGUNG, BEWEGUNG, GRUPPE, KREIS	AKRONYM	ZAHL
Die **Herbert-Baum-Gruppe** war eine jüdisch-kommunistische Widerstandsgruppe in der Zeit des Naziherrschaft in Berlin. Die Gruppe erstellte Flugblätter und Untergrundzeitungen. Zudem unterstützte sie jüdische Zwangsarbeiter und half Juden beim Untertauchen, um ihre Deportation zu verhindern. Intern wurden zahlreiche politische Diskussionen geführt und die kulturelle Arbeit gepflegt.	HEBAU	69
Partisan in der Sowjetunion war eine der Möglichkeiten des Einzelnen, in kleiner Gruppe oder in größerem militärischen Zusammenhang in Abstimmung und oft auch mit Unterstützung der Roten Armee den Kampf gegen die deutsche Interventionsarmee zu führen. Zu ihnen gehörten Bewohner einzelner Unionsstaaten, aber auch Kämpfer aus anderen Ländern wie Polen oder aus anderen Beweggründen wie jüdische Milizionäre, die sich gegen die Deportation und Auslöschung der Judenheit engagierten.	PA-SU	69

VEREINIGUNG, BEWEGUNG, GRUPPE, KREIS	AKRONYM	ZAHL
Die **Schwarzwälder Blutwoche** war ein Massaker an Angehörigen der französischen Widerstandsgruppe »Réseau Alliance« durch die Gestapo, das vom 23. bis zum 30. November 1944 erfolgte. Dem Massaker fielen 70 Personen zum Opfer. Nach der Landung in der Normandie am 6. Juni 1944 kämpften sich die Alliierten durch Frankreich nach Straßburg vor. Dies führte bei der Gestapo im besetzten Straßburg zu hektischem Handeln. 107 Mitglieder der Widerstandsgruppe »Réseau Alliance«, gegen die die Gestapo in Straßburg federführend vorgegangen war, befanden sich zu diesem Zeitpunkt im Sicherungslager Schirmeck-Vorbruck, weitere Mitglieder waren auf sieben Gefängnisse in Baden-Württemberg verteilt. Als sich die feindlichen Truppen näherten, gab der Gestapo- Chef Helmut Schlierbach]den Befehl zur Hinrichtung aller Gefangenen. Julius Gehrum, Leiter der Sektion III, überbrachte den Befehl persönlich an den Lagerkommandanten Karl Buck. In der Nacht vom 1. auf den 2. September wurden die 107 Häftlinge ins KZ Natzweiler-Struthof gebracht, wo sie erschossen wurden. Am 23. November 1944 befreiten die Alliierten Truppen das Lager, fanden aber nur noch wenige Gefangene vor. Am gleichen Tag erreichten die Alliierten auch Straßburg.	SCHWAB	69
Der **Internationale sozialistische Kampfbund** (ISK) war eine sozialistische Absplitterung von der SPD während der Zeit der Weimarer Republik und aktiv im Widerstand gegen den Nazifaschismus. International trat die Organisation unter den Namen, »Militant Socialist International« (MSI), »Internationale Militante Socialiste« und, »Internacio de Socialista Kunbatalo« auf.	INSOK	68

VEREINIGUNG, BEWEGUNG, GRUPPE, KREIS	AKRONYM	ZAHL
Das französische **Musée de l'Homme** (»Museum des Menschen«) ist ein Museum für Ur- und Frühgeschichte und Anthropologie in Paris. Es befindet sich im Palais de Chaillot (Métro: Trocadéro). Das Museum ist aus dem 1882 von Ernest Hamy gegründeten »Musée d'Ethnographie du Trocadéro« hervorgegangen und wurde 1937 von Paul Rivet anlässlich der Pariser Weltausstellung neu gegründet. Es baute große vorgeschichtliche und völkerkundliche Sammlungen (Afrika, arktische Regionen, Asien, Amerika – insbesondere zur Kunst der Maya und Azteken und zu Funden über die Entwicklung des Menschen) auf. Zum Museum gehörte eine der bedeutendsten Bibliotheken (180.000 Bände) zu den Themenfeldern Anthropologie, Ethnologie und Vorgeschichte. Während der deutschen Besetzung Frankreichs im Zweiten Weltkrieg formierte sich im Museum eine Widerstandsgruppe der Résistance. Sieben ihrer Mitglieder wurden am 23. Februar 1942 nach einjähriger Untersuchungshaft in der Festung Mont Valérien und Aburteilung in dem ersten Gerichtsverfahren gegen Mitglieder der Resistance hingerichtet.	MUHOM	68
Das **Bureau Central de Renseignements et d'Action** (, »BCRA«Zentralbüro für Aufklärung und Aktion) war der Auslandsnachrichtendienst des Freien Frankreichs in London. Er existierte von 1940 bis 1943, während des Zweiten Weltkriegs. Der Nachrichtendienst koordinierte die weltweite Tätigkeit der Aufklärungs-, Abwehr-, Ausbruchs- und Aktionsnetze des France libre. Er wurde von André Dewavrin – alias »Oberst Passy« – geleitet.	BUREAC	67

VEREINIGUNG, BEWEGUNG, GRUPPE, KREIS	AKRONYM	ZAHL
Der **Kreisauer Kreis** war eine zivile Widerstandsgruppe, die sich während der Zeit des Faschismus mit Plänen zur politisch-gesellschaftlichen Neuordnung nach dem angenommenen Zusammenbruch der Hitler-Diktatur befasste. Der Kreis, dessen Führungspersönlichkeiten Helmuth James Graf von Moltke und Peter Graf Yorck von Wartenburg waren, bildete sich im Jahr 1940. Freya von Moltke organisierte mit Gleichgesinnten drei Zusammenkünfte im Mai 1942, Oktober 1942 und Juni 1943 mit dem Ziel, Gesellschaftsentwürfe für eine Nachkriegszeit zu erstellen. Nach der Verhaftung Moltkes Anfang 1944 löste sich der Kreisauer Kreis de facto auf, einige Kreisauer schlossen sich der Gruppe um Claus Schenk Graf von Stauffenberg an. Nach dessen Attentat auf Hitler am 20. Juli 1944 gelang es der Gestapo, die Arbeit des Kreises aufzudecken. Sie nannte die Widerstandsgruppe nach Moltkes Gut Kreisau in Schlesien (heute Krzyżowa in Polen) »Kreisauer Kreis« – vermutlich wurde der Begriff von Theodor Haubach während seiner Vernehmungen benutzt – und prägte damit den Namen, der später Eingang in die Geschichtsschreibung fand.	KREISAU	67

VEREINIGUNG, BEWEGUNG, GRUPPE, KREIS	AKRONYM	ZAHL
Weiße Rose nannte sich eine hauptsächlich von Studenten getragene, von München aus agierende, deutsche Widerstandsgruppe gegen die Nazi-Diktatur, die sich wesentlich auf christliche und humanistische Werte aus der Tradition der bündischen Jugend berief. Sie entstand während des Zweiten Weltkriegs, ab Juni 1942 auf Initiative eines Freundeskreises um Hans Scholl und Alexander Schmorell. Zwischen Ende Februar und April 1943 wurde sie mit der Enttarnung, Verhaftung und schließlich dem Justizmord an ihren prägenden Mitgliedern nach Todesurteilen des sogenannten »Volksgerichtshofes« zerschlagen. Die Gruppe verfasste, druckte und verteilte auf verschiedenen klandestinen Verbreitungswegen zunächst in der Region München selbst, später über Kuriere auch in einigen anderen Städten des NS-Staates – vor allem in Süddeutschland – insgesamt sechs Flugblätter in unterschiedlicher, tendenziell steigender Auflage von zuletzt bis zu 9000 Exemplaren. In diesen Veröffentlichungen thematisierten sie Verbrechen des Regimes und riefen zum Widerstand gegen den Nationalsozialismus auf. In der Schlussphase ihres Bestehens versuchte die Weiße Rose über Falk Harnack ihre Kontakte zu weiteren Widerstandsgruppen bis in die Reichshauptstadt Berlin und zu systemoppositionellen Kreisen der Wehrmacht auszuweiten. Nach dem Ende der Schlacht von Stalingrad bemalten ihre Mitglieder in nächtlichen Aktionen zusätzlich auch öffentliche Fassaden in München mit Parolen gegen Hitler und die Nazi-Herrschaft.	WEIROM	62

VEREINIGUNG, BEWEGUNG, GRUPPE, KREIS	AKRONYM	ZAHL
Das **Réseau Centurie** war das Geheimdienstnetzwerk / der Nachrichtendienst der Organisation Civile et Militaire (OCM). Das Réseau Centurie war eines der wichtigsten militärischen Geheimdienste des Widerstands und man schloss sich den Forces Françaises Libres]] (FFL) an. Die Organisation Civile et Militaire war eines der größten Widerstandsorganisationen während des 2. Weltkriegs in Frankreich. Dem Netzwerk gehörten über 120 Mitglieder an. Mehr als die Hälfte der Mitglieder des Réseaus starben (erschossen, gefoltert oder deportiert) im 2. Weltkrieg. Viele von Ihnen waren Ärzte oder Apotheker.	RECEN	61

VEREINIGUNG, BEWEGUNG, GRUPPE, KREIS	AKRONYM	ZAHL
Neu Beginnen (NB), auch, »Leninistische Organisation« (»Org.«; »LO«) oder, »Miles- Gruppe«, war eine marxistische Organisation des Widerstandes gegen den Faschismus. Um 1929 entstand, wegen grundlegender Kritik an den beiden Arbeiterparteien KPD und SPD]], der Gründungskern der Organisation um Walter Loewenheim (Pseudonym »Miles«), dessen Bruder Ernst Loewenheim sowie einige weitere ehemalige Funktionäre der KPD; sie sahen diese Parteien als »sektiererisch« und »verbürgerlicht« an. Unter Bezug auf Lenins Schrift »Was tun?« planten sie den Aufbau eines klandestinen, hierarchisch gegliederten, von bürgerlich-kulturellen Einflüssen befreiten revolutionären netzwerks. Vor allem in Berlin, aber auch in anderen Universitätsstädten rekrutierte man deshalb weitere kritische, intellektuelle Mitglieder aus SPD, KPD und KPO, darunter Karl Frank]], Ossip K. Flechtheim, Richard Löwenthal und Georg Eliasberg. Im Herbst 1931 gelang es der zu diesem Zeitpunkt 40 Mitglieder zählenden Organisation, Teile der Führung der Berliner SAJ um Fritz Erler, Erich Schmidt und Kurt Schmidt für die »Org.« und damit Einfluss auf Berliner SPD- Strukturen zu gewinnen. Daneben wurden auch einzelne KPD-, KPO- und SAPD-Mitglieder rekrutiert, nso dass die Gruppe Anfang 1933 ca. 100 Mitglieder zählte.	NEUBEG	60

VEREINIGUNG, BEWEGUNG, GRUPPE, KREIS	AKRONYM	ZAHL
Die **Kommunistische Arbeiterpartei Deutschlands** (KAPD) war eine kommunistische Partei während der Weimarer Republik, die sich vorrangig aus dem linken Flügel der Kommunistischen Partei Deutschlands (KPD) gebildet hatte. Sie vertrat linke, antiparlamentaristische und rätekommunistische Positionen und in darauf folgenden Jahren nach ihrer Gründung durch verschiedenste Abspaltungen an gesellschaftlicher Bedeutung verlor. Sie ging in den frühen 1930er Jahren in der Kommunistischen Arbeiter-Union Deutschlands (KAUD) auf. Die KAPD wurde am 4./5. April 1920 von Mitgliedern des linken Flügels der KPD gegründet, die auf dem Heidelberger Parteitag der KPD (20.–23. Oktober 1919) durch die Zentrale Leitung unter Paul Levi ausgeschlossen worden waren. Viele von ihnen waren vor der KPD-Gründung in der Gruppe Internationale Kommunisten Deutschlands aktiv. Ihr Hauptziel war die sofortige Beseitigung der bürgerlichen Demokratie und die Konstituierung einer Diktatur des Proletariats, wobei eine Diktatur einer Partei nach russischem Vorbild verworfen wurde. Die KAPD lehnte, anders als die KPD, insbesondere die leninistische Organisationsform des sogenannten demokratischen Zentralismus, die Teilnahme an Wahlen und die Mitarbeit in reformistischen Gewerkschaften ab. Eine wichtige Rolle für die KAPD spielten die niederländischen kommunistischen Theoretiker Anton Pannekoek und Herman Gorter, die nach dem Vorbild der KAPD in den Niederlanden die »Kommunistische Arbeiders-Partij Nederland« (KAPN) ins Leben riefen, die niemals die Bedeutung der Schwesterpartei in Deutschland erreichte.	KAPD	59
Rif-Republik, Konföderierte Republik der Rifs, südlich von Marocco gelegen, bestand nur knapp fünf Jahre von 1921 bis 1926. Auch aus dieser zahlenmäßig kleinen Einwohnerschaft gab es einige Kämpfer im antinazistischen Widerstand, die sich der Resistance anschlossen.	RIFREP	59

VEREINIGUNG, BEWEGUNG, GRUPPE, KREIS	AKRONYM	ZAHL
Die **Deutsche Friedensgesellschaft** (DFG), gegründet 1892, ist die älteste Organisation der deutschen Friedensbewegung. Sie ist eine Vereinigung politischer Pazifisten und Kriegsdienstverweigerer. Auf nationaler, europäischer und weltweiter Ebene ist der Verband heute in verschiedene pazifistische und antimilitaristische Bündnisorganisationen eingebunden und ist der größte deutsche Mitgliedsverband der War Resisters' International.	DEFRIG	58
Konspiration bezeichnet die durch Verborgenheit, Verschleierung oder Tarnung geschützte Tätigkeit – eine oft angewandte Methode von Widerstandskämpfern, die sich und andere damit schützten.	KONSP	58
Der oder die **Travail allemand** (kurz, »TA«, »Deutsche Arbeit«), auch »Travail antifasciste allemand oder »Travail Anti-Allemand« genannt, war ein Sektor der Résistance, der nach dem deutschen Überfall auf die Sowjetunion im Waffenstillstand von Compiègne besiegten und teilweise besetzten Frankreich im Sommer 1941 geschaffen wurde. Unklar ist, ob die Initiative dazu von der 1924 gegründeten Organisation »Main-d'Oeuvre immigrée« (MOI) ausging oder eine Weisung vom Zentralkomitee (ZK) der Parti communiste français (PCF) vorlag. Die Leitung oblag einem Dreierkopf (Triangel), in welchem seit Ende 1941 Franz Marek (KPÖ) für Propaganda, Otto Niebergall (KPD) für die politische Leitung und Artur London (tschechoslowakische KP) für Organisation zuständig waren. 1942/43 wurde sie Bestandteil der Nationalen Front Frankreichs.	TRAVA	58

VEREINIGUNG, BEWEGUNG, GRUPPE, KREIS	AKRONYM	ZAHL
Die **Uhrig-Römer-Gruppe** war eine reichsweite kommunistische Widerstandsgruppe gegen den Faschismus. Sie hatte ihren Kern in Berlin und Brandenburg. Robert Uhrig und Josef Römer führten diese Widerstandsgruppe an. Die Widerstandsgruppe Uhrig-Römer wurde 1938 durch Robert Uhrig gegründet. Dabei baute er in den nachfolgenden Jahren ein Netz von verschiedenen Widerstandsgruppen in vielen Berliner Betrieben zur Uhrig-Gruppe auf. In Berlin, Brandenburg, Südbayern und in Tirol war die Widerstandsgruppe aktiv und hatte an allen Standorten zusammen eine größere dreistellige Mitgliederanzahl. Uhrig leitete damit eine der größten antifaschistischen Widerstandsorganisationen in Deutschland und Österreich. Die Uhrig-Organisation arbeitete außerdem mit Gruppen in Essen, Hannover, Hildesheim, Dortmund, Leipzig (Willy Gebel) und Hamburg zusammen. Nach Dänemark, in die Tschechoslowakei und in die Niederlande gab es auch paneuropäische, kommunistische Kontakte.	UHRIWI	58

VEREINIGUNG, BEWEGUNG, GRUPPE, KREIS	AKRONYM	ZAHL
Die **Deutsche Liga für Menschenrechte** (DLfM) war eine deutsche Menschenrechtsorganisation. Sie wurde 1914 gegründet, war von 1933 bis 1945 im Deutschen Reich verboten und war wieder von 1949 bis 2019 politisch aktiv. Zu den führenden Mitgliedern der Deutschen Liga gehörten zwischen den beiden Weltkriegen unter anderem Kurt R. Grossmann, Carl von Ossietzky, Albert Einstein, Emil Julius Gumbel, Kurt Tucholsky und Berthold Jacob. Neben ihrem Engagement für die Rechte des einzelnen Bürgers traten Ossietzky und Einstein auch ein für Gerechtigkeit in den zwischenstaatlichen Beziehungen. Dafür forderten sie eine internationale Gesetzgebung und internationale Gerichte, die von allen Staaten zu respektieren wären. Diese Gedanken wurden allmählich von immer mehr Menschen aufgegriffen. Das führte schließlich 1948 zur Gründung der Weltorganisationen der »Weltföderalisten« und der »Weltbürgerbewegung«.	DELIM	56

VEREINIGUNG, BEWEGUNG, GRUPPE, KREIS	AKRONYM	ZAHL
Freie Deutsche Bewegung, auch **Bewegung Freies Deutschland**, war die Bezeichnung einiger deutscher Exil-Gruppierungen in verschiedenen Ländern in der Zeit des Faschismus. Ziel war ein freiheitliches Deutschland und somit Widerstand und die Bekämpfung der Nazi- Herrschaft in Deutschland. In den meisten Ländern des europäischen Festlandes und in Mexiko waren Kommunisten mehrheitlich an der ideologischen Ausrichtung der Organisationen beteiligt. In anderen Ländern gab es unterschiedliche Zusammensetzungen von Sozialisten und oder auch konservativ orientierten Kreisen. Viele Bewegungen wurden in den Jahren nach 1945 wieder aufgelöst, da die Regierungen den Einfluss des kommunistischen Gedankenguts dieser Bewegungen und der Hauptbewegung des sowjetgestützten Nationalkomitees Freies Deutschland (NKFD) fürchteten. Als geistige Grundlage der Bewegungen gilt die Exil-Zeitschrift »Freies Deutschland. Alemania libre«, die von 1941 bis 1946 in Mexiko-Stadt] herausgegeben wurde.	BFD-M	55
Postes, télégraphes et téléphones, heute La Poste (F) war eine Post- und Telegrafen-Station in Guinea, aus der Resistance-Kämpfer kamen.	POTETE	55
Lesbian Gay Bisexual und Transgender (LSGBT) ist gegenwärtig der zusammengefasste Überbegriff für Menschen mit sexuell von der tradierten Sexualität abweichenden Verhaltensmustern. In der Nazizeit betraf das ausschließlich homosexuell strafbewehrte Handlungen.	LESGIBT	53

VEREINIGUNG, BEWEGUNG, GRUPPE, KREIS	AKRONYM	ZAHL
Erste Gruppen der **Freien Deutschen Jugend** entstanden schon vor dem Zweiten Weltkrieg im Exil im Juni 1936 in Paris und am 8. Mai 1938 in Prag. Die Arbeit der FDJ in der Tschechoslowakei und in Frankreich kam mit der deutschen Besetzung zum Erliegen, da ihre Mitglieder fliehen mussten. Dafür entstanden ab April 1939 in Großbritannien FDJ-Gruppen. Nur dort gelang es, landesweit unter den Emigranten tätig zu werden. In Schottland und anderen Regionen entstanden Gruppen. Hauptaufgabe der FDJ in Großbritannien war die Unterstützung der meist sehr jungen jüdischen Emigranten. Etwa zehn Prozent der Jugendlichen zwischen 14 und 18 Jahren, die mit Kindertransporten nach Großbritannien ausreisen konnten, traten später dort der FDJ bei. In 23 Städten gründeten sich Gruppen der FDJ mit insgesamt etwa 600 Mitgliedern. Die FDJ gab eine Organisationszeitung »Freie Deutsche Jugend« heraus. Ab April 1943 rief die FDJ in Großbritannien ihre Mitglieder dazu auf, in die britische Armee einzutreten. Etwa 150 Mitglieder folgten diesem Aufruf. Ebenfalls 1943 trat die FDJ als Organisation der am 25. September in London gegründeten »Bewegung Freies Deutschland« bei. Am Gründungskongress des Weltbundes der Demokratischen Jugend im Oktober 1945 nahm die FDJ mit einer achtköpfigen Delegation teil und erhielt im Weltbund einen Beobachterposten.	FDJ	52
Das **Réseau Pat O'Leary** (»Netzwerk Pat O'Leary«; auch »Pat O'Leary Line«, »O'Leary Line« oder »Pat Line« genannt) war eine Organisation der französischen Résistance während der deutschen Besetzung Frankreichs im Zweiten Weltkrieg. Es gilt als das umfangreichste Netzwerk jener Zeit zur Rettung alliierter Militärangehöriger vor dem Zugriff der Deutschen. Mehr als 650 Personen konnte zur Flucht nach Großbritannien verholfen werden.	REPAOL	52

VEREINIGUNG, BEWEGUNG, GRUPPE, KREIS	AKRONYM	ZAHL
Das **Englandspiel**, auch, »Unternehmen Nordpol« genannt, war der Deckname einer deutschen Militäroperation zur gemeinsamen Spionageabwehr der deutschen Abwehr und der Sicherheitspolizei im Zweiten Weltkrieg in den Niederlanden. Niederländische Agenten, die im Vereinigten Königreich von der Special Operations Executive (SOE) für Spionage und Sabotage ausgebildet worden waren, gerieten in die Hände der Deutschen. Ihre Sendeanlagen wurden genutzt, um falsche Informationen nach Großbritannien zu übermitteln. Die SOE warf in den Niederlanden zwischen März 1942 und Mai 1943 über 50 weitere Agenten sowie Tonnen von Waffen, Sprengstoff und Sabotagematerial per Fallschirm ab, die bei der Landung von den Deutschen in Empfang genommen wurden.	ENGLA	51
Weiße Rose Hamburg ist die nach 1945 von der Forschung verwendete Bezeichnung für eine Widerstandsgruppe gegen den Faschismus in Hamburg. Die Beteiligten selbst haben sich nicht so genannt, zum größten Teil sahen sie sich auch nicht als Widerstandskämpfer. Unter dem Begriff werden mehrere Freundes- und Familienkreise zusammengefasst, die teilweise seit 1936 in Opposition zum Naziregime standen und ab 1942 in Anlehnung an die Aktionen der Weißen Rose in München und deren Fortsetzung gegen das NS-Regime und den Zweiten Weltkrieg agierten. Auch wenn viele der Mitglieder zur Elterngeneration gehörten, wird die Gruppe als Jugend- und Studentenopposition eingeordnet. Es gab vereinzelte persönliche Kontakte zu anderen Hamburger Widerstandsgruppen, ein Zusammenwirken kam nicht zustande. Zwischen 1943 und 1944 verhaftete die Gestapo mehr als 30 Personen aus diesem Umfeld und überstellte sie in Gefängnisse und Konzentrationslager. Acht Angehörige dieser Widerstandsgruppe wurden bis Kriegsende ermordet oder starben nach Misshandlungen.	WEIHAM	51

VEREINIGUNG, BEWEGUNG, GRUPPE, KREIS	AKRONYM	ZAHL
Arbeiterwohlfahrt e. V. (AWO). Am 13. Dezember 1919 gründete Marie Juchacz (1879–1956), die zu den ersten Frauen in der Weimarer Nationalversammlung gehörte, die AWO als »Hauptausschuss für Arbeiterwohlfahrt in der Sozialdemokratischen Partei Deutschlands. Reichspräsident Friedrich Ebert beschrieb sie mit dem Motto »Arbeiterwohlfahrt ist die Selbsthilfe der Arbeiterschaft«. Zunächst versuchte sie, vor allem die Not der durch den Ersten Weltkrieg Geschädigten zu lindern, indem sie Nähstuben, Suppenküchen, Werkstätten zur Selbsthilfe und Beratungsstellen einrichtete. Später entwickelte sie sich zu einer Hilfsorganisation für alle sozial bedürftigen Menschen. Nach der Machtübertragung an Adolf Hitler wurde die AWO zunächst erfolglos gleichzuschalten versucht und dann aufgelöst und verboten. Einige Mitglieder arbeiteten illegal weiter, so Johanna Kirchner, die mithalf, bedrohte Personen aus der Arbeiterbewegung ins Exil zu schleusen.	AWO	50

VEREINIGUNG, BEWEGUNG, GRUPPE, KREIS	AKRONYM	ZAHL
Der Rote Stoßtrupp war eine der ersten, größten und am längsten aktiven linkssozialistischen Widerstandsgruppen gegen das Naziregime. Er wurde bereits im Juli 1932 als Reaktion auf den Preußenschlag durch Rudolf Küstermeier und einige seiner Freunde aus dem Umfeld der »Neuen Blätter für den Sozialismus«, der Deutschen Hochschule für Politik in Berlin und der Sozialistischen Studentenschaft] gegründet. Der Rote Stoßtrupp entwickelte sich innerhalb weniger Monate zu einer der größten Widerstandsgruppen. Über 90 % der schätzungsweise 500 aktiven Mitglieder im Jahr 1933 waren Sozialdemokraten vom linken Flügel der Partei. Die vergleichsweise jungen Arbeiter, Angestellten und Studenten kritisierten die unzureichend kämpferische Haltung von SPD, KPD und Gewerkschaften im Kampf gegen den deutschen Faschismus. Von der Leitung der Widerstandsgruppe, dem sogenannten Roten Stab, wurde eine linke Einheitsfront propagiert, die durch eine proletarische Revolution die NSDAP-Regierung stürzen sollte. Der Rote Stoßtrupp strebte eine enge Zusammenarbeit aller antinationalistischen Kräfte an.	ROSTO	50

Gute Kontakte unterhielt die Gruppe vor allem zu kritischen und dissidenten Mitgliedern von SPD, SAJ und KPD und zu kleineren linken Gruppen wie der SAPD, der KPDO und dem ISK, aber auch zu Personen aus den bürgerlichen Parteien und selbst zu oppositionellen Nationalsozialisten wie Otto Strasser. Eine enge organisatorische Zusammenarbeit gab es mit dem Berliner Büro der Quäker, wo sich einer der Vervielfältigungsapparate der Gruppe befand.

VEREINIGUNG, BEWEGUNG, GRUPPE, KREIS	AKRONYM	ZAHL

Der **Bund Neues Vaterland** war die bedeutendste deutsche   BUNEUV   50
pazifistische Vereinigung im Ersten Weltkrieg. Er bestand
von 1914 bis 1916 und wurde 1918 neu gegründet. 1922 be-
nannte er sich in »Deutsche Liga für Menschenrechte« um
und bestand bis 1933. Der Bund »Neues Vaterland wurde
am 16. November 1914 gegründet. Er ging aus dem seit
Anfang Oktober 1914 von Lilli Jannasch geleiteten Verlag
Neues Vaterland hervor und hatte seinen Sitz in Berlin in
der Tauentzienstraße 9. Vorsitzende waren Kurt von Tep-
per-Laski und Georg Graf von Arco. Der Bund versuchte
während des Krieges durch persönliche Kontaktaufnahme
seiner Mitglieder mit Regierungsvertretern sowie mit internationalen Friedensorganisationen für den schnellen Ab-
schluss eines Friedens zu wirken.

In seinen Satzungen stellte er sich die Aufgabe, »die Dip-
lomatie der europäischen Staaten mit dem Gedanken des
friedlichen Wettbewerbs [...] zu erfüllen und eine politische
und wirtschaftliche Verständigung zwischen den Kultur-
völkern herbeizuführen«. Am 7. Februar 1916 untersagte
das »Oberkommando in den Marken« auf Grund des Be-
lagerungszustandes dem Bund für die Dauer des Krieges
jede weitere Betätigung. Lilli Jannasch, die als Geschäfts-
führerin wirkte, wurde am 31. März 1916 verhaftet und in
»Schutzhaft« genommen. Das Betätigungsverbot wurde
erst im Oktober 1918 aufgehoben.

Der Bund Neues Vaterland gründete sich daraufhin neu.
In dem neuen Grundsatzprogramm hieß es: »Der Bund
Neues Vaterland ist eine Vereinigung, um ohne Verpflich-
tung auf ein bestimmtes Parteiprogramm an dem Aufbau
der deutschen sozialistischen Republik auf demokratischer
Grundlage und darüber hinaus an dem großen Werke der
Völkerverständigung mitzuarbeiten.«

VEREINIGUNG, BEWEGUNG, GRUPPE, KREIS	AKRONYM	ZAHL

Die **Nationalsozialistische Volkswohlfahrt** (abgekürzt, »NSV«), kurz »NS-Volkswohlfahrt«, wurde am 18. April 1932 durch die Nazis als eingetragener Verein gegründet und am 3. Mai 1933, nur wenige Monate nach der Machtübertragung, zur Parteiorganisation der NSDAP erhoben. Ihr Leiter war Erich Hilgenfeldt. Der Sitz befand sich in Berlin-Wilmersdorf, dessen Gebäudekomplex von dem Architekten Hugo Constantin Bartels stammt. Die NSV diente auch manchen Vorsichtigen im Widerstand zur Tarnung ihrer eigentlichen Position. Selbst antisemitisch denunzierte Kaufleute und Ladenbesitzer reihten sich bis 1935 in die Reihen Spendengeber der von der NSV aufgelegten Sammlungen ein, die auch die gleichgeschaltete Presse bekanntgab. | NSV | 50 |

Widerstand im KZ Auschwitz. Am 7. Oktober 1944 führte das jüdische Sonderkommando KZ Auschwitz-Birkenau (die Häftlinge, welche die Gaskammern und Krematorien bedienen mussten und als Sicherheitsrisiko von den anderen Häftlingen getrennt gefangen gehalten wurden) einen Aufstand durch. Davor gab es bereits zumindest einen gescheiterten ähnlichen Plan für den Termin 28. Juli um neun Uhr abends. Dieses Mal hatten weibliche Gefangene Sprengstoff von einer Waffenfabrik eingeschmuggelt, und das Krematorium IV wurde damit teilweise zerstört. Deshalb wurden am 5. Januar 1945 hingerichtet: Ala Gertner, Rózia Robota, Regina Safirsztajn und Ester Wajcblum. Einige der Beteiligten kamen aus demselben Ort, Będzin. Anschließend versuchten die Gefangenen eine Massenflucht, aber alle 250 Entflohenen wurden kurz darauf von der SS gefasst und ermordet. | WIAU | 49 |

VEREINIGUNG, BEWEGUNG, GRUPPE, KREIS	AKRONYM	ZAHL
Die **Deutschen Christen** (DC), Eigenbezeichnung »SA Jesu Christi«(!) waren eine rassistische, antisemitische und am Führerprinzip orientierte Strömung im deutschen Protestantismus, die diesen von 1932 bis 1945 an die Ideologie des Nationalsozialismus angleichen wollte.	DEUCH	48

Sie wurde 1931 als eigene Kirchenpartei in Thüringen gegründet und gewann 1933 die Leitung einiger Landeskirchen in der Deutschen Evangelischen Kirche (DEK). Mit ihrer Gleichschaltungspolitik und dem Versuch, durch die Übernahme des Arierparagraphen in die Kirchenverfassung Christen jüdischer Herkunft als »Judenchristen« auszuschließen, löste sie den Kirchenkampf mit anderen evangelischen Christen aus. Diese gründeten daraufhin im Mai 1934 die Bekennende Kirche, die die Deutschen Christen als Häretiker betrachtete und aus der Kirchengemeinschaft ausschloss.

Die **Freie Arbeiter-Union Deutschlands** (FAUD) entstand am 15. September 1919 durch Umbenennung aus der Freien Vereinigung deutscher Gewerkschaften (FVDG). Sie war bis zu ihrer Auflösung 1933 die wichtigste Organisation des deutschen Anarchosyndikalismus.	FAUD	48

VEREINIGUNG, BEWEGUNG, GRUPPE, KREIS	AKRONYM	ZAHL
Als **Religiösen Sozialismus** bezeichnet man das Eintreten von Angehörigen des Christentums aus Gründen ihres Glaubens für eine sozialistische Gesellschaftsordnung. Der Begriff bezeichnet ursprünglich eine Strömung im deutschsprachigen Protestantismus, die um 1900 in der Schweiz entstand. Aus ihr ging in der Weimarer Republik eine evangelische Kirchenpartei hervor, die sich 1926 als Bund der religiösen Sozialisten Deutschlands]] (BRSD) organisierte. Vergleichbare Strömungen entstanden auch in anderen christlichen Konfessionen und Staaten. Sie deuten bestimmte Traditionen und Texte der Bibel wie das Gebot des Erlassjahrs, der Nächstenliebe, die prophetisch-apokalyptische Erwartung vom Reich Gottes, die Bergpredigt, die Kritik am »Mammon« und die Gütergemeinschaft der Jerusalemer Urgemeinde als Impulse und Verpflichtung, die gegenwärtige vom Kapitalismus bestimmte Gesellschaftsordnung zu überwinden. Insbesondere das Evangelium Jesu von Nazaret mit seiner Option für die Armen verlange aktuell eine bewusste Entscheidung für den Sozialismus.	RELSOZ	48

VEREINIGUNG, BEWEGUNG, GRUPPE, KREIS	AKRONYM	ZAHL
Die **Vereinigung sozialistischer Schriftsteller** (VsS), gegründet 1933, war ein der Sozialdemokratischen Arbeiterpartei nahestehender, antifaschistischer Schriftstellerverband in Österreich. Knapp eine Woche nachdem die Nazifaschisten in Deutschland an die Regierung gekommen waren, versammelten sich am 22. Jänner 1933 in Wien Autoren, um die Vereinigung sozialistischer Schriftsteller zu gründen. Fritz Brügel, Rudolf Brunngraber, Theodor Kramer und Josef Luitpold Stern hatten den neuen Verein bei den zuständigen Behörden angemeldet. Die Zielsetzung lautete: »Der Verein hat den Zweck, alle Schriftsteller, deren Weltanschauung der Sozialismus ist, zur geistigen und materiellen Förderung ihrer Arbeit zu sammeln und die Zusammenarbeit mit gleichartigen künstlerischen Vereinigungen herbeizuführen. Am 2. März 1934 erfolgte durch Bescheid des Sicherheitskommissärs des Bundes für Wien die zwangsweise Auflösung der Vereinigung.	VESOS	48
Die **Kommunistische Universität der nationalen Minderheiten des Westens** (KUNMS), verkürzt auch, »Westuniversität«, (Коммунистический университет национальных меньшинств Запада имени Мархлевского) war eine sowjetische Universität zur Ausbildung von Partei- und Staatsfunktionären für die Westgebiete der RSFSR, später der UdSSR und schließlich auch für Parteikader kommunistischer Parteien vieler europäischer Länder. Die Universität wurde postum nach dem polnischen Kommunisten und ihrem ersten Rektor Julian Balthasar Marchlewski (1866–1925) benannt. Sie bestand von 1921 bis 1936.	KOMUW	47

VEREINIGUNG, BEWEGUNG, GRUPPE, KREIS	AKRONYM	ZAHL
Proletarische Freidenker. Im Jahre 1905 formierte sich das marxistische Freidenkertum in dem »Verein für Feuerbestattung.« Aus dem Freidenkerbund entwickelten bestimmte Arbeitsgruppen 1908 den »Zentral-Verband der Proletarischen Freidenker Deutschlands« mit der Zeitschrift »Der Atheist«. Im Jahre 1905 gründete sich in Berlin der »Verein der Freidenker für Feuerbestattung (VFF)«, nach einem Zusammenschluss mit anderen Verbänden 1927 als »Verband für Freidenkertum und Feuerbestattung (VfFF)«, der sich 1930 in »Deutscher Freidenker-Verband« (DFV) umbenannte. Dieser mitgliederstarke Verband kam bis 1932 immerhin auf 660.000 Mitglieder. Politische Differenzen zwischen SPD- und KPD-Mitgliedern führten zu einer Abspaltung der KPD-Anhänger und Gründung der »Zentralstelle proletarischer Freidenker (ZpG)«, die aber bedeutungslos blieb. 1933 verbot das Naziregime den DFV und enteignete dessen Vermögen. Daneben gab es den »Bund Sozialistischer Freidenker« mit 20.000 Mitgliedern. Internationale Vereinigungen bildeten sich 1925 als »Internationale proletarischer Freidenker (IpF)« in Wien, 1931 als »Internationale Freidenkerunion (IFU)« in Berlin, 1936 als Vereinigung von IpF und IFU zur »Weltunion der Freidenker (WUF)« in Prag.	PROLF	47
Der **Arbeiter-Turn- und Sportbund** (, »ATSB«) war ein deutscher Sportverband der Arbeiterbewegung, der 1919 aus dem »Arbeiterturnerbund« hervorging und der 2008 aufgelöst wurde. Der Arbeiterturnerbund (ATB), welcher 1893 in Gera gegründet worden war, benannte sich 1919 in »Arbeiter-Turn- und Sportbund (ATSB)« um. Die neue Namensgebung verdeutlicht die zunehmende Versportlichung und Modernisierung des ATB und eine Öffnung gegenüber den Sportspielen und der Leichtathletik.	ATUSB	46

VEREINIGUNG, BEWEGUNG, GRUPPE, KREIS	AKRONYM	ZAHL
Der **Council for a Democratic Germany** (Rat für ein demokratisches Deutschland, CDG) war eine deutsche Exilorganisation in den USA. Die Gründung des CDG erfolgte am 2. Mai 1944 in New York als Reaktion auf die Gründung des Nationalkomitees Freies Deutschland (NKFD) in Moskau im Juli 1943. Einige Initiatoren brachten Erfahrungen von vorausgegangenen Bündnisversuchen wie dem Lutetia-Kreis mit. Der Council verstand sich als Repräsentanz des deutschen Volkes. Mitglieder waren Linkssozialisten, Sozialdemokraten, Kommunisten, bürgerliche Demokraten, ehemalige Angehörige des Zentrums, Schriftsteller, Künstler, und Wissenschaftler. Dieser »Exilrat« sollte als Plattform für politische Meinungsbildung und Einflussnahme wirksam werden. Vorsitzender war Paul Tillich, evangelischer Theologe am Union Theological Seminary in New York. Er hat dem CDG sein besonderes politisch-theologisches Gepräge gegeben. Ein vergleichbar breites Spektrum hatte, was Politik und Kultur angeht, keine andere Exilgruppe.	CODEG	44

VEREINIGUNG, BEWEGUNG, GRUPPE, KREIS	AKRONYM	ZAHL
Ellinikós o. Ethnikós Laikós Apelevtherotikós Stratós (ΕΛΑΣ), Griechische Volksbefreiungsarmee. 1942 trat Santas dem »Ethnikó Apelevtherotikó Métopo«, der Nationalen Befreiungsfront Griechenlands (EAM), und 1943 der bewaffneten Widerstandsorganisation Griechenlands, dem »Ellinikós / Ethnikós Laikós Apelevtherotikós Stratós« (ELAS), bei. Diese Organisation war an zahlreichen kämpferischen Auseinandersetzungen in Zentralgriechenland gegen die Achsenmächte, darunter Italien und Bulgarien, beteiligt. Nach dem Ende der Besatzung Griechenlands wurde er wegen seiner linken Anschauungen bis ins Jahr 1946 in Ikaria inhaftiert, anschließend 1947 in Psyttalia und ab 1948 auf der Insel Makronisos, wo sich ein für die Folterung von politisch Andersdenkenden – insbesondere von Kommunisten – berüchtigtes Straflager befand. Von dort konnte er nach Italien fliehen, um anschließend in Kanada politisches Asyl zu erhalten. Im Asyl blieb er bis 1962 und kehrte anschließend nach Griechenland zurück, wo er bis zu seinem Tode lebte.	ELAS	44
Die **Rote Gewerkschafts-Internationale** (RGI) (»RILU/Red International of Labour Unions« oder in der russischen Abkürzung »Profintern«) war ein internationaler kommunistischer Gewerkschaftsdachverband. Sie wurde in Moskau gegründet (Gründungskongress vom 3. bis 19. Juli 1921). Einer der drei Generalsekretäre und bedeutender Theoretiker war Solomon Losowski, die beiden anderen Andrés Nin und Michail Pawlowitsch Tomski.	ROGIN	44

VEREINIGUNG, BEWEGUNG, GRUPPE, KREIS	AKRONYM	ZAHL
Obrana národa (ON; deutsch »Verteidigung der Nation«) war eine der drei wichtigsten nichtkommunistischen tschechoslowakischen Widerstandsgruppen im Protektorat Böhmen und Mähren, die sich ca. ab Sommer 1939 gebildet und Anfang 1940 zu der Dachorganisation des Widerstands ÚVOD zusammengeschlossen haben. Sie bestand vorwiegend aus ehemaligen Offizieren der tschechoslowakischen Armee und war dadurch professionell strukturiert und organisiert. In der Widerstandsgruppe befanden sich viele prominente Persönlichkeiten, unter anderem der 1942 hingerichtete Ministerpräsident des Protektorats Böhmen und Mähren General Alois Eliáš. Durch ihre Verbindung zur tschechoslowakischen Exilregierung in London spielte sie im Zusammenschluss der illegalen Untergrundbewegungen ÚVOD eine herausragende Rolle.	OBNAR	43
Das **Réseau Brutus** war eine französische Widerstandsorganisation bzw. ein Geheimdienstnetzwerk während des Zweiten Weltkriegs in Frankreich. Das Réseau Brutus wurde im Jahr 1941 von Pierre Fourcaud in Marseille gegründet. Er hatte von Charles de Gaulle den Auftrag bekommen dieses Geheimdienst-Netzwerk aufzubauen. Bereits im Juli 1941 wurde das Netzwerk zum bewaffneten Flügel des Comité d'action socialiste (CAS). Eugène Thomas wurde nach der Verhaftung von Pierre Fourcaud und der Flucht seines Bruders Jean Fourcaud nach London einer der Anführer des Brutus-Netzwerks. In den Jahren 1941 und 1942 wuchs das Netzwerk stetig an und wurde im Februar 1943 im Besonderen durch das Engagement von André Boyer ein nationales Widerstandsnetzwerk. Im April 1943 wurde Eugène Thomas in Paris verhaftet. Das Geheimdienstnetzwerk hatte inzwischen mehr als 1.000 Agenten und das Hauptquartier wurde nach Lyon verlegt.	REBRU	43

VEREINIGUNG, BEWEGUNG, GRUPPE, KREIS	AKRONYM	ZAHL
Die **Bulgarische Kommunistische Partei** (kurz, »BKP«, Българска комунистическа партия) war eine von 1919 bis 1990 bestehende Partei in Bulgarien mit marxistisch-leninistischer Ausrichtung. Als sämtliche Staats-]und Regierungschefs stellende Partei zwischen 1947 bzw. 1946 und 1990 war sie zeit ihres Bestehens die führende politische Kraft der [[Volksrepublik Bulgarien]]. Zwischen 1924 und 1948 hieß sie, »Bulgarische Sozialistische Partei«.	BUKOPA	42
Der, »Service de documentation extérieure et de contre-espionnage« (»SDECE«; deutsch »Auswärtiger Nachrichten- und Spionageabwehrdienst«) war der Auslandsgeheimdienst vom 28. Dezember 1945 bis zum 2. April 1982 und wurde in **Direction Générale de la Sécurité Extérieure** (DGSE) umbenannt. Organisatorischer Nachfolger des Kriegsnachrichtendienstes Direction Générale des Etudes et Recherches (DGER).	DIGER	42
Die **Kommunistische Jugendinternationale** (KJI) wurde 1919 als Vereinigung aller kommunistischen Jugendverbände der Welt gegründet. Sie war eine Sektion der Komintern und bestand bis 1943. Die KJI hielt 1919, 1921, 1922, 1924, 1928 und 1935 Weltkongresse ab. Als ihre Ziele wurden die Festigung des proletarischen Internationalismus und die Solidarität der Arbeiterjugend gegen Ausbeutung und Krieg erklärt.	KOJUIN	42

VEREINIGUNG, BEWEGUNG, GRUPPE, KREIS	AKRONYM	ZAHL
Abwehr ist im deutschen Sprachgebrauch seit 1920 die verbreitete Bezeichnung für den deutschen Militärnachrichtendienst als Geheimdienst in Reichswehr und Wehrmacht mit seinen Sparten (Geheimer Meldedienst, Diversion und (im Krieg) Kommandounternehmen sowie die eigentliche Abwehr von Spionage und Sabotage). Bereits kurz nach dem Ende des Ersten Weltkriegs waren Teile der aufgelösten Abteilung III b in das Truppenamt als getarnte Organisation übernommen worden und bildeten hier ab 1920 eine sogenannte »Abwehrgruppe«. Diese »Abwehrgruppe« wurde 1921 als Spionage-Abwehrstelle in das Reichswehrministerium überführt und wurde 1928 zu einer eigenständigen »Abwehrabteilung«. Die Hauptaufgabe der »Abwehr« bestand in der Beschaffung von Informationen mit nachrichtendienstlichen Mitteln und Methoden zur Einschätzung und Beobachtung gegnerischer Militärformationen. Erst in zweiter Instanz standen Fragen der Geheimhaltung und des Schutz der Truppe im Mittelpunkt. In den Fragen der Spionageabwehr bestand von Anfang an eine direkte Zusammenarbeit mit dem Reichskommissar für öffentliche Ordnung (RKO) und den regionalen Polizeibehörden, in diesem Fall der Staatspolizei Centralstellen (C. St.), wie sie 1907 in Preußen gegründet worden waren. Mit der Aufrüstung der Wehrmacht wuchs auch die Zahl der Abwehrmitarbeiter. Während die Abwehrabteilung im Jahr 1933 nur über knapp 150 Mitarbeiter verfügte, waren es Mitte 1937 bereits fast 1000. Bis zum Kriegsbeginn 1939 verdoppelte sich die Zahl auf etwa 2000.	ABWEH	41

VEREINIGUNG, BEWEGUNG, GRUPPE, KREIS	AKRONYM	ZAHL
Widerstand im KZ Sobibor. Der Film, »Flucht aus Sobibor« (Originaltitel: »Escape from Sobibor«, Alternativtitel: »Sobibor« und »Jail – Gefangene des Krieges«) wurde unter der Regie von Jack Gold nach dem Buch »Escape von Sobibor« von Richard Rashke und einem Drehbuch von Thomas Blatt, Reginald Rose und Stanisław Szmajzner (1987) in Großbritannien als englischsprachiger Fernsehfilm produziert. Thomas Blatt und Stanisław Szmajzner waren Lagerinsassen im Vernichtungslager Sobibór, die flüchten konnten. Der Film behandelt das Leben der so genannten Arbeitshäftlinge im Vernichtungslager und dort vor allem den historischen Aufstand von Sobibór, in dem jüdische Gefangene aus einem Vernichtungslager der SS erfolgreich fliehen konnten.	WISO	41
Zwangsarbeiter bei BOA Group. Die Firma Boa hatte auch in den Niederlanden Fabriken, in denen Zwangsarbeiter eingesetzt wurden. Heute hat die Boa ihren Hauptsitz in BOA Metal Solutions GmbH – 76297 Stutensee – Germany	Z-BOA	40
Der **Einheitsverband der Eisenbahner Deutschlands** (, »EdED«) war eine Gewerkschaft in der Zeit der Weimarer Republik. Er entstand am 27. Juni 1925 aus dem Zusammenschluss des Deutschen Eisenbahner-Verbands (DEV) mit der Reichsgewerkschaft deutscher Eisenbahnbeamten und -anwärter (RGDE)]]. Der DEV hatte auf seinem 3. Kongress, der vom 21. bis 26. Juni 1925 in Köln stattfand, die Fusion beschlossen. Bei der Gründung waren im EdED 197.000 Mitglieder organisiert, später umfasste der Verband bis zu 250.000 Mitglieder (1928/29) und war damit die größte Eisenbahnergewerkschaft der Weimarer Republik. Er war im Allgemeinen Deutschen Gewerkschaftsbund (ADGB) organisiert und stand der SPD nahe.	EDED	39

VEREINIGUNG, BEWEGUNG, GRUPPE, KREIS	AKRONYM	ZAHL
Der **Hamburger Aufstand** (auch, »Barmbeker Aufstand«) von 1923 war eine von Teilen der KPD in Hamburg am 23. Oktober 1923 begonnene Revolte. Ziel war der bewaffnete Umsturz in Deutschland nach dem Vorbild der russischen Oktoberrevolution 1917. Nach den Vorstellungen des »Deutschen Oktobers« sollte die Erhebung das Aufbruchssignal für eine Revolution in ganz Mitteleuropa sein und die kommunistische Weltrevolution einleiten. Der Versuch war unter militärischen Gesichtspunkten aussichtslos und endete bereits in der Nacht vom 23. auf den 24. Oktober.	HAAUF	38
Die **Lechleiter-Gruppe** war eine Widerstandsgruppe gegen den Faschismus im Raum Mannheim. Sie wurde vor dem Zweiten Weltkrieg 1939 von Georg Lechleiter gegründet. Die Untergrundzeitung »Der Vorbote« wurde von der antifaschistischen Widerstandsgruppe herausgegeben. Die Führung dieser Widerstandsgruppe hatten Georg Lechleiter und Jakob Faulhaber inne. Die erfolgreiche Mitgliedergewinnung gelang beiden durch die vielen Kontakte zu zahlreichen Mannheimer Großbetrieben und deren kommunistischen Betriebszellen und sie führten den losen Unterstützerkreis noch vor dem Zweiten Weltkrieg zu einer Widerstandsorganisation zusammen. Die Gruppe bestand aus Sozialdemokraten, Sozialisten, Kommunisten und parteilosen Mitgliedern (»politisch heterogen«). Die Kommunisten dominierten die Gruppe.	LECHLE	38

VEREINIGUNG, BEWEGUNG, GRUPPE, KREIS	AKRONYM	ZAHL

Die **Schumann-Engert-Kresse-Gruppe** gehörte in den Jahren 1943/44 zu den aktivsten Widerstandsgruppen Deutschlands gegen das Nazi-Regime. Ab 1941 baute Georg Schumann in Leipzig zusammen mit Otto Engert und Kurt Kresse eine der größten kommunistischen Widerstandsgruppen auf. Die Gruppe orientierte sich am Nationalkomitee Freies Deutschland, stellte aber, ähnlich wie die Knöchel-Seng-Gruppe im Ruhrgebiet, ihre sozialistischen Ziele (Enteignung der Großindustrie usw.) deutlicher heraus, als das die Moskauer Exilführung der KPD zu dieser Zeit tat. Im Sommer 1944 begann die Verhaftungswelle der Gestapo. Im Juli wurden Schumann, Engert und Kresse verhaftet. Sie wurden schwer gefoltert, damit sie weitere Namen von Mitgliedern preisgeben sollten, blieben aber standhaft und retteten so vermutlich vielen anderen Widerstandskämpfern das Leben. Im November 1944 verurteilte der Volksgerichtshof in Dresden sie zum Tod, am 11. Januar 1945 wurden die drei im Hof des Dresdner Landgerichts hingerichtet]].

SCHUENK 38

Bewegung »Freies Deutschland« in der Schweiz. Ab Januar 1945 arbeitete Karl Barth im Nationalkomitee Freies Deutschland (NKFD) mit, in dem deutsche Exilkommunisten und Antifaschisten ein unabhängiges demokratisches Deutschland anstrebten. Im Februar leitete er ein Treffen der «Bewegung ‹Freies Deutschland› in der Schweiz» mit Exilprotestanten. Er lobte, dass gerade die Kommunisten der Gruppe sich vorbehaltlos für Demokratie in Deutschland einsetzten. Im März trat Charlotte von Kirschbaum der Gruppe bei, im Mai wurde sie in den dreiköpfigen Vorstand gewählt. Im Dezember widersprach Barth der Auflösung des NKFD, mit der die KPD auf die Bildung politischer Parteien reagierte.

BFD-CH 37

VEREINIGUNG, BEWEGUNG, GRUPPE, KREIS	AKRONYM	ZAHL
Die **Deutschnationale Volkspartei** (, »DNVP«) war eine nationalkonservative Partei in der Weimarer Republik, deren Programmatik Nationalismus, Nationalliberalismus, Antisemitismus, kaiserlich-monarchistischen Konservatismus sowie völkische Elemente enthielt. Nachdem sie anfänglich eindeutig republikfeindlich gesinnt gewesen war und beispielsweise den Kapp-Putsch von 1920 unterstützt hatte, beteiligte sie sich ab Mitte der 1920er Jahre zunehmend an Reichs- und Landesregierungen. Nach der Wahlniederlage von 1928 und der Wahl des Verlegers Alfred Hugenberg zum Parteivorsitzenden vertrat die Partei jedoch wieder extreme nationalistische Ansichten und Forderungen. Infolge der Kooperation mit der NSDAP verlor die DNVP ab 1930 zunehmend an Bedeutung. Am 30. Januar 1933 beteiligte sie sich an einer Koalitionsregierung mit der NSDAP. Die Abgeordneten der DNVP stimmten wie alle anderen Parteien außer der SPD für das Ermächtigungsgesetz vom 24. März 1933, das den Weg in die Diktatur ebnete. Nachdem sich die DNVP Anfang Mai 1933 noch in, »Deutschnationale Front« umbenannt hatte, löste sie sich im Juni 1933 selbst auf. Ihre Abgeordneten schlossen sich der NSDAP-Fraktion an.	DNVP	37
Die **Gruppe Manouchian** war eine nach Missak Manouchian, einem ihrer Anführer, benannte Partisanengruppe der französischen Résistance, die während der deutschen Besatzung Frankreichs im Zweiten Weltkrieg zwischen 1940 und 1944 bestand. Sie verübte zahlreiche Anschläge gegen die deutsche Besatzungsmacht. Insgesamt 23 Mitglieder der Gruppe wurden im Dezember 1943 durch eine Einheit des Vichy-französischen Geheimdienstes verhaftet und im Februar 1944 durch ein Wehrmachts-Erschießungskommando erschossen.	GRUMA	37

VEREINIGUNG, BEWEGUNG, GRUPPE, KREIS	AKRONYM	ZAHL
Orthodoxe Kirchen (von orthós=aufrecht, richtig und dóxa=Verehrung, Glaube, hier »der richtige Lobpreis »oder« die rechte Lehre Gottes«; Singular »Orthodoxe Kirche« sind die vorreformatorischen Kirchen des byzantinischen Ritus. Sie sind dabei von Beginn an sowohl katholisch als auch apostolisch in der Nachfolge der Apostel »(traditio apostolica)«. Die selbstverwalteten Ostkirchen sind teilweise Nationalkirchen und weisen kulturelle Unterschiede auf, stehen jedoch in Kirchengemeinschaft miteinander. Angehörige der orthodoxen Kirchen verstehen sich als Einheit und sprechen daher meist von der »Kirche der Orthodoxie« im Singular. Die orthodoxen Kirchen bilden mit ca. 300 Millionen Angehörigen die zweitgrößte christliche Gemeinschaft der Welt. Sie sind zu unterscheiden von den altorientalischen Kirchen (auch »orientalisch-orthodox«) und den katholischen Ostkirchen]], die größtenteils von byzantinischen Kirchen abstammen.	ORTH	37
Mouvement de libération nationale (MLN, »Nationale Befreiungsbewegung«), ein Zusammenschluss von Kämpfern der Résistance (französischer Widerstand gegen die deutsche Besatzung), die sich nicht der von Kommunisten dominierten Front national anschließen wollten.	MOLINA	36

VEREINIGUNG, BEWEGUNG, GRUPPE, KREIS	AKRONYM	ZAHL
Ein **Pfadfinder** ist ein Angehöriger einer internationalen, religiös und politisch unabhängigen Erziehungsbewegung für Kinder und Jugendliche, die Menschen aller Nationalitäten und Glaubensrichtungen offensteht. Ziel der, »Pfadfinderbewegung« ist die Förderung der Entwicklung junger Menschen, damit diese in der Gesellschaft Verantwortung übernehmen können. Das erste Pfadfinderlager wurde 1907 von Robert Baden-Powell, einem britischen General, auf der englischen Insel Brownsea Island durchgeführt. Baden-Powell entwickelte aus den Erfahrungen dieses Lagers in seinem 1908 erschienenen Buch »Scouting for Boys« eine eigenständige Methodik, die als, »Pfadfindermethode« bezeichnet wird. In der ersten Hälfte des 20. Jahrhunderts breitete sich die Pfadfinderbewegung auf der ganzen Welt aus. Sie wurde schon nach wenigen Jahren in drei Altersstufen gegliedert, um altersgerechte Lern- und Erlebnisräume zu schaffen.	PFAD	35

VEREINIGUNG, BEWEGUNG, GRUPPE, KREIS	AKRONYM	ZAHL
Der **Anarchismus** hat in Deutschland eine lange Tradition. Er trat hier in erster Linie als revolutionäre Ideologie in der Arbeiterbewegung sowie als breit gefächerte Geistes- und Kulturbewegung auf. Nach dem Ausbruch des Ersten Weltkriegs unterstützten die SPD und die Gewerkschaften die Kriegspolitik Kaiser Wilhelms II. Die »Freie Vereinigung deutscher Gewerkschaften« beteiligte sich dagegen als einzige deutsche Arbeiterorganisation nicht am Burgfrieden mit dem deutschen Staat. Das antimilitaristische Organ »Der Pionier« wurde in der Folge unterdrückt und viele der FVdG-Mitglieder wurden zum Kriegsdienst gezwungen. Nach dem Ende des Krieges waren Landauer und Mühsam 1919 an führender Stelle an der Bildung der Münchner Räterepublik beteiligt. Nach der gewaltsamen Niederschlagung der Münchner Räterepublik durch Reichswehr und Freikorpsverbände wurde Gustav Landauer am 1. Mai 1919 in München verhaftet und einen Tag später im Zuchthaus Stadelheim von Soldaten ermordet. Erich Mühsam wurde zu 15 Jahren Haft verurteilt und 1924 schließlich amnestiert.	ANARCH	33
Der **Lutetia-Kreis** (auch, »Lutetia-Comité«, eigentlich, »Ausschuss zur Vorbereitung einer deutschen Volksfront«) war ein von 1935 bis 1937 in Paris aktives Komitee verschiedener politischer Strömungen, die eine antifaschistische Grundhaltung teilten. Nach dem Tagungsort im Hotel Lutetia am Boulevard Raspail (6. Arrondissement) wurde dieser Kern einer deutschen Volksfront als Lutetia-Kreis bekannt.	LUTKRE	33
Partisan in Frankreich war im Prinzip jeder Franzose, der sich in der Resistance beteiligte. Dazu kamen Sympathisanten oder Emigraten aus anderen Nationen, die sich in diese Widerstandsfront einreihten.	PA-F	32

VEREINIGUNG, BEWEGUNG, GRUPPE, KREIS	AKRONYM	ZAHL
Partisan in Italien war im Prinzip jeder Italiener, der sich am Widerstandskampf der Resistenza beteiligt. Dazu kamen Sympathisanten aus anderen Nationen, die sich in diesen Kampf einreihten. Etliche Male waren dies auch zwangsrekrutierte Deutsche aus den Kompanien des SD 999, aus denen sie zu den Partisanen überliefen.	PA-IT	30
Die **Armia Krajowa** (polnisch für »Landesarmee«, abgekürzt, »AK«; im Deutschen meist als, »polnische Heimatarmee« bezeichnet) war eine polnische Widerstands- und Militärorganisation im von Deutschland besetzten Polen während des Zweiten Weltkrieges. Im Untergrund wurde sie auch »PZP« (Polski Związek Powstańczy), etwa »Polnische Aufständische Allianz«, genannt. Sie war die größte militärische Widerstandsorganisation in Europa im Zweiten Weltkrieg. Sie war eine Armee aus Freiwilligen, die sich die Befreiung Polens von der deutschen Besatzungsmacht zum Ziel gesetzt hatten. Als militärischer Arm des polnischen Untergrundstaates unterstand sie der »Regierungsvertretung im Lande« (Delegatura Rządu na Kraj), einer Abteilung der polnischen Exilregierung in London. 1944 zählte sie über 350.000 Partisanen. Nach dem Einmarsch der Roten Armee setzte sie inoffiziell ihren Widerstand fort – nun gegen das kommunistische Regime.	ARKRA	30
Service de sécurité militaire français – Travaux ruraux. Paul Paillole gründete diesen Geheimdienst, der sich besonders bei der Aufspürung von deutschen Geheimdienstagenten betätigte.	SESMIF	30

VEREINIGUNG, BEWEGUNG, GRUPPE, KREIS	AKRONYM	ZAHL
Die Front national (Nationale Front) oder auch »Front national de l'indépendance de la France« (»Nationale Front der Unabhängigkeit Frankreichs«) war eine französische Organisation der Widerstandsbewegung des Zweiten Weltkrieges. Die Organisation nahm ihren Namen von der Front populaire, die 1936 gebildete französische Volksfront-Regierung linker Parteien. Gegründet am 15. Mai 1941 von der Kommunistischen Partei Frankreichs (Jacques Duclos, Pierre Villon), wurde sie zur »politischen« Vertretung des bewaffneten Widerstands. Sie widmeten sich hauptsächlich der Propaganda, der Herstellung von gefälschten Papieren, der Betreuung von illegalen Einwanderern, aber auch der Sabotage. Die Nationalfront beteiligte sich am Conseil national de la Résistance (CNR, »Nationaler Widerstandsrat«).	FRONI	29
Partisan in Polen war ein Widerstandskämpfer, der sowohl in der Armia Kraiowa als auch anderen Kämpfergruppen beteiligt war. Zu ihnen gehörten auch jüdische Kämpfer, die meist in eigenen Gruppen organisiert waren, sowie Personen aus baltischen Staaten, die einen Fortbestand der polnischen Nation für erstrebenswert erachteten.	PA-PL	29
Aufruf 50 von deutschen Generälen und Offizieren an Volk und Wehrmacht. Aus der Gefangenschaft heraus richtete Günther Klammt als einer von 50 gefangenen Generalen als Teil des Bund Deutscher Offiziere im Nationalkomitee Freies Deutschland einen Aufruf an ihre noch in der Wehrmacht verbliebenen Kameraden. Dieser Appell wurde von Generalfeldmarschall Friedrich Paulus verfasst und als »Aufruf der 50 Generale an Volk und Wehrmacht« von ihnen unterzeichnet.	AUFR 50	28

VEREINIGUNG, BEWEGUNG, GRUPPE, KREIS	AKRONYM	ZAHL
Der **Einheitsverband der Metallarbeiter Berlins** (, »EVMB«) war eine im November 1930 gegründete kommunistische Industriegewerkschaft, die in der Endphase der Weimarer Republik auf regionaler Ebene aktiv war. Der EVMB war die erste Einzelgewerkschaft der Revolutionären Gewerkschafts-Opposition (RGO). Zugleich gilt der »rote Verband« EVMB als eine der bedeutendsten gewerkschaftlichen Widerstandsgruppierungen in der Frühphase des NS-Regimes. Der kommunistische Verband stand in Feindschaft zur Sozialdemokratie und zum Faschismus, grenzte sich aber ebenfalls vom parteipolitischen Widerstand der KPD gegen das NS-Regime ab.	EMEAB	28
Die **Gesellschaft der Freunde des neuen Rußland** (GdF) war eine deutsche Organisation von Intellektuellen in der Weimarer Republik, die die Freundschaft zwischen Deutschland und der Sowjetunion propagierte. Die Gründungsversammlung fand am 1. Juni 1923 auf Einladung des Auslandskomitees der Internationalen Arbeiterhilfe für Sowjetrußland statt. Anwesend waren 30 bis 40 Personen, vorwiegend Wissenschaftler und Künstler. Unter ihnen waren Marija Andrejewa und Professor Westphal als Vertreter des Preußischen Kultusministeriums. Zum Sekretär wurde der Schriftsteller Erich Lehmann-Lukas, Sprecher wurde Alfons Paquet. Auf der wenige Tage später stattfindenden »Weltkonferenz für Wirtschaftshilfe und Wiederaufbau Rußlands« vom 13. bis 26. Juni 1923 wurde die Gründung bekannt gegeben. Die Gesellschaft organisierte Vortragsabende und Reisen in die Sowjetunion. Die Vortragsabende der Gesellschaft in Berlin fanden im Plenarsaal des Preußischen Herrenhauses statt. Sie arbeitete eng mit der VOKS (Allunionsgesellschaft für kulturelle Verbindung mit dem Ausland) zusammen.	GEFRU	28

VEREINIGUNG, BEWEGUNG, GRUPPE, KREIS	AKRONYM	ZAHL
Die **Schwarze Front**, hervorgegangen aus der, »Kampfgemeinschaft Revolutionärer Nationalsozialisten« (KGRNS), war eine faschistische Kleinpartei in der Weimarer Republik, die sich selbst als antiparlamentarischer Kampfbund definierte. Die KGRNS entstand 1930 als eine von Otto Strasser forcierte Abspaltung von der NSDAP. Seit Otto Strassers Eintritt in die NSDAP im Jahre 1925 hatte er sich immer wieder gegen die von Adolf Hitler angestrebte Programmatik gestellt, insbesondere in den Bereichen Wirtschaftspolitik und Außenpolitik. Während Hitlers bevorzugte Wirtschaftsordnung ein korporativer und staatlich gelenkter Kapitalismus war, präferierte Strasser einen antikapitalistischen nationalen Sozialismus. Außenpolitisch plädierte Hitler für eine Anlehnung an England, Strasser für ein antiwestliches Bündnis mit der Sowjetunion.	SCHWAF	28
Der **Friedensbund Deutscher Katholiken** (FDK) war eine pazifistische Vereinigung politisch engagierter Katholiken in der Weimarer Republik]]. Er wurde 1919 von Max Josef Metzger in München gegründet und bestand bis 1.Juli 1933. Eine Neugründung nach 1945 bestand bis April 1951. Seine Mitglieder wollten das Liebesgebot Jesu Christi in allen Lebensbereichen zur Geltung bringen und deshalb am Aufbau einer internationalen Friedensordnung mitwirken, die Krieg künftig erübrigen sollte.	FRIBU	27
Sopade (Sozialdemokratische Partei Deutschlands) im Exil nannte sich der Vorstand der Sozialdemokratischen Partei Deutschlands (SPD) von 1933 bis zum Frühjahr 1938 im Prager, danach bis 1940 im Pariser Exil während der Zeit des Faschismus. Die Bezeichnung wird auch als Sammelbegriff für dessen Mitarbeiter und Anhänger verwendet.	SOPADE	27

VEREINIGUNG, BEWEGUNG, GRUPPE, KREIS	AKRONYM	ZAHL
Free German League of Culture in Great Britain (FGLC), auch, »Freier Deutscher Kulturbund in England«, »Freier Deutscher Kulturbund in Großbritannien« (FDKB) oder, »Freier Deutscher Kulturbund – Großbritannien« war eine Organisation deutscher Emigranten im Vereinigten Königreich, die von 1939 bis 1945 bestand. Der Kulturbund verstand sich als überparteilich, hatte aber enge Verbindungen zur KPD. Gegründet wurde sie im März 1939 auf Initiative deutscher Kommunisten, darunter Johann Fladung.	FREGELE	26
Die **Kampfgemeinschaft für Rote Sporteinheit** (kurz »Rotsport«) war ein der KPD nahestehender Arbeitersportverband in der Endphase der Weimarer Republik. Die Kampfgemeinschaft (KG) entstand 1930 durch den Ausschluss und die Abspaltung kommunistischer Kräfte vom Arbeiter-Turn- und Sportbund (ATSB) sowie anderer Sportgruppen. Es gab beispielsweise in der KG auch eine Naturfreunde-Opposition, in der sich ein Teil der ausgeschlossenen Naturfreunde formiert hatte. Bereits seit 1922 führte eine »Reichsfraktionsleitung«, die den Direktiven der KPD folgte, eine intensive kommunistische Oppositionsarbeit innerhalb des ATSB. Die KG zählte 1931 über 100.000 Mitglieder. KG, ATSB und andere Arbeitersportorganisationen wurden 1933 durch die Reichstagsbrandverordnung der Nazipartei verboten.	KAROSP	26
Der **Wiener Kreis** des Logischen Empirismus war eine Gruppe Intellektueller aus den Bereichen der Philosophie, der Naturwissenschaft, Sozialwissenschaften, der Mathematik und Logik, die sich von 1924 bis 1936 unter der Leitung von Moritz Schlick regelmäßig in Wien trafen. Im Zuge des Austrofaschismus und der späteren Machtübertragung an die Nazis waren viele Mitglieder des Wiener Kreises zur Emigration gezwungen. Die Ermordung Schlicks 1936 durch einen ehemaligen Dissertanten markiert das faktische Ende des Wiener Kreises.	WIENK	26

VEREINIGUNG, BEWEGUNG, GRUPPE, KREIS	AKRONYM	ZAHL
Women's international League for Peace and Freedom. Als Reaktion auf den Ausbruch des Ersten Weltkriegs organisierte eine Gruppe niederländischer Frauenrechtlerinnen um Aletta Jacobs, Vorsitzende des niederländischen Frauenstimmrechtvereins, den ersten Internationalen Frauenfriedenskongress vom 28. bis 30. April 1915 in Den Haag (Niederlande); dieses Treffen trat an die Stelle des in Berlin geplanten Kongresses des Weltbundes für Frauenstimmrecht (engl. »International Woman Suffrage Alliance«, IWSA). Trotz der Kriegswirren erschienen über 1000 Frauen aus zwölf kriegsführenden und neutralen Nationen. Ein Ergebnis des Kongresses war die Gründung der Vorläuferorganisation der WILPF, des »Internationalen Ausschusses für dauernden Frieden«.	WOILPE	26
Agrupación de guerrilleros españoles, dt.: Spanische Freiwillige in Frankreich. Der Resistance schlossen sich auch antifaschistische Bürger anderer Länder wie Spanien an, die in Frankreich arbeiteten oder als Emigranten dort lebten.	AGUES	25
Die **Deutsche Volkspartei** (, »DVP«) war eine nationalliberale Partei der Weimarer Republik, die 1918 die Nachfolge der Nationalliberalen Partei antrat. Neben der linksliberalen Deutschen Demokratischen Partei (DDP) repräsentierte sie den politischen Liberalismus zwischen 1918 und 1933. Ein bekannter Politiker ist der Gründungsvorsitzende und spätere Reichskanzler und Außenminister Gustav Stresemann.	DVP	25

VEREINIGUNG, BEWEGUNG, GRUPPE, KREIS	AKRONYM	ZAHL
Das **Jüdische Antifaschistische Komitee**, kurz JAFK oder JAK (jiddisch: ייִדישער אנטי־פֿאַשיסטישער קאָמיטעט pl.: Jidišer Anti-Fašistišer Komitet, ru.: **Еврейский нтифашистский комитет**, kurz »EAK«), war eine Gruppe von öffentlich bekannten jüdischen Intellektuellen in der Sowjetunion, die im Zweiten Weltkrieg auf Veranlassung der sowjetischen Regierung geschaffen wurde, um weltweit Unterstützung aus jüdischen Kreisen für den sowjetischen Verteidigungskrieg gegen das Deutsche Reich zu gewinnen. Zu Beginn des Jahres 1942 wurde das Komitee dem »Sowjetischen Informationsbüro« zugeteilt und war damit Teil der sowjetischen Propaganda.	JÜAK	25
Die Résistancegruppe, »Libération«, zur Unterscheidung von der völlig unabhängig agierenden Résistancegruppe Libération Nord als **Libération Sud**, dt.: Südliche Befreiung bezeichnet, wurde 1941 nach der deutschen Okkupation während des Zweiten Weltkriegs in der anfangs noch nicht besetzten Südzone Frankreichs – unter der Marionettenregierung des Vichy-Regimes – von Personen unterschiedlicher Herkunft um Emmanuel d'Astier de la Vigerie, Lucie und Raymond Aubrac gegründet. Einige standen dem früheren Front populaire nahe oder gehörten den Gewerkschaften an.	LIBSUD	25

VEREINIGUNG, BEWEGUNG, GRUPPE, KREIS	AKRONYM	ZAHL
Die, »Aktionspartei« (**Partito d'Azione**, Pd'A) war zwischen Juli 1942 und 1946 eine italienische Partei. Die Pd'A war eine Partei in der Tradition Giuseppe Mazzinis und des Risorgimento. Gegründet wurde sie im Juli 1942 von ehemaligen Mitgliedern von Giustizia e Libertà (»Gerechtigkeit und Freiheit«), liberalen Sozialisten und Demokraten. Ideologisch war sie ein Erbe des »liberalen Sozialismus« Carlo Rossellis und Piero Gobettis »liberaler Revolution«. Dessen Schriften lehnten den marxistischen »ökonomischen Determinismus« ab und zielten auf das Überwinden des Klassenkampfs und für eine »neue« Richtung des Sozialismus, Respekt für bürgerliche Freiheit und für eine radikale Veränderung der sozialen und ökonomischen Struktur Italiens.	PARAZ	25
Die **Allgemeine Arbeiter-Union** – Einheitsorganisation« (AAUE, auch AAU-E) war eine antiparlamentarische und antiautoritäre rätekommunistische Organisation in der Weimarer Zeit. Die AAUE konstituierte sich im Oktober 1921, nachdem es in der KAPD und der ihr angeschlossenen betrieblichen Organisation »Allgemeine Arbeiter-Union Deutschlands (AAUD)« zu verstärkter Kritik an der Unterordnung der AAUD unter die KAPD gekommen war. Ansatz der Kritik war es, eine politisch-betriebliche Einheitsorganisation aufzubauen.	ALARUN	24

VEREINIGUNG, BEWEGUNG, GRUPPE, KREIS	AKRONYM	ZAHL
Der Republikanische Reichsbund (RRB, ab 1922 **Deutscher Republikanischer Reichsbund**) war ein überparteilicher Zusammenschluss von Politikern aus den Parteien der sogenannten Weimarer Koalition (SPD, DDP und Zentrum), die sich zur demokratischen Weimarer Verfassung bekannten und den Einfluss antidemokratischer Kräfte im Staatsapparat bekämpfen wollten. Er existierte von 1921 bis 1933. Die Gründung des Republikanischen Reichsbundes geht auf den Republikanischen Führerbund zurück, eine Gruppe der SPD nahestehender Offiziere und Unteroffiziere, die in der Reichswehr, insbesondere in Bayern, unter dem starken Druck rechter Kreise standen. Der RRB entstand im März 1921, nachdem bereits im Dezember 1920 ein vorbereitendes Komitee ins Leben gerufen worden war. Den Gründungsaufruf unterzeichneten u. a. die SPD-Politiker Gustav Bauer, Konrad Haenisch, Paul Löbe, Carl Severing, Friedrich Stampfer, die DDP-Politiker Theodor Heuss, Ernst Lemmer, Hermann Luppe, Otto Nuschke und der Zentrums-Politiker Friedrich Dessauer sowie weitere Persönlichkeiten wie Minna Cauer, Carl von Ossietzky, Ludwig Quidde, Walther Schücking und Kurt Tucholsky.	DERER	24

VEREINIGUNG, BEWEGUNG, GRUPPE, KREIS	AKRONYM	ZAHL
Die **Gruppe Soldatenrat** war eine österreichische Widerstandsgruppe gegen den Nazismus, die mittels Flugblättern und Feldpostsendungen gegen die kriegerischen Ambitionen des NS-Regimes Stellung bezog. Mindestens 19 Aktivisten der Gruppe wurden von der NS-Justiz zum Tode verurteilt, und 17 von ihnen wurden auch – zumeist im Wiener Landesgericht – durch das Fallbeil hingerichtet. Gegründet wurde die Gruppe durch Aktivisten des Kommunistischen Jugendverbands Österreichs (KJVÖ) nach dem deutschen Überfall auf Polen am 1. September 1939. Ziel war, möglichst viele deutsche und österreichische Soldaten von der Sinnlosigkeit der deutschen Kriegsführung und vom Pazifismus zu überzeugen. Etwa von 1940 bis 1942 soll es sich bei dieser Gruppe um eine der größten Jugendorganisationen im österreichischen Widerstand gehandelt haben. Auffallend an dieser Widerstandsgruppe ist – mit einer Ausnahme – das jugendliche Alter, die jüngste Hingerichtete war 18 Jahre alt, der älteste 25, der hohe Frauenanteil, die kurze Prozessdauer und das Faktum, dass überwiegend Todesstrafen ausgesprochen wurden. Im Regelfall wurden Gnadengesuche abgelehnt.	GRUSOR	24
Der **Internationale Gewerkschaftsbund** (IGB; engl.: »International Trade Union Confederation«, ITUC; frz: »Confédération syndicale internationale«, CSI) ist ein internationaler Gewerkschaftsdachverband mit Sitz in Brüssel.	INGEW	24

VEREINIGUNG, BEWEGUNG, GRUPPE, KREIS	AKRONYM	ZAHL
Die **Polnische Sozialistische Partei** (pl.:«Polska Partia Socjalistyczna«, PPS) ist eine polnische politische Partei sozialistischer Prägung, die im November 1892 in Paris als Auslandsverband polnischer Sozialisten (»Związek Zagraniczny Socjalistów Polskich«) gegründet wurde und vor allem in der Zwischenkriegszeit politischen Einfluss in Polen hatte. Es trug erheblich zur Wiedererlangung der Unabhängigkeit Polens bei. Das 1893 verabschiedete sozialpolitische Programm der Partei orientierte sich am Erfurter Programm der SPD und forderte unter anderem die Verstaatlichung von Grund und Boden, Produktions- und Verkehrsmitteln, den Acht-Stunden-Arbeitstag sowie Mindestlöhne. Das Hauptziel der Partei war die Wiedererlangung der polnischen Unabhängigkeit. Der prominenteste Anführer der Partei war Józef Piłsudski.	POLSOP	24
Die **SS-Sondereinheit Dirlewanger**, die in großem Ausmaß Kriegsverbrechen beging, wurde ab Mai 1940 auf Betreiben Gottlob Bergers von Reichsführer SS Heinrich Himmler zunächst aus rechtskräftig verurteilten Wilderern als »Wilddiebkommando Oranienburg« aufgestellt und veränderte dann mit dem ersten Einsatz ab September 1940 ihren Status vom Sonderkommando über Bataillons- und nominelle Regimentsstärke zur Brigade, bis sie im Februar 1945 in die 36. Waffen-Grenadier-Division der SS überführt wurde. Die Führung dieser Einheit lag von Beginn an bei dem mehrfach vorbestraften Oskar Dirlewanger. Von November 1943 bis Januar 1944 führte vorübergehend Erwin Walser die Einheit.	SS-DIR	24

VEREINIGUNG, BEWEGUNG, GRUPPE, KREIS	AKRONYM	ZAHL
Die **Aktion Nationaler Widerstand** (ANW) war eine geheime Widerstandsorganisation während des Zweiten Weltkriegs in der Schweiz. Ihre Mitglieder kämpften gegen Defätismus bei Armeeführung, Regierung und Volk, um die gemeinsame Widerstandskraft und den Wehrwillen der Milizarmee zu stärken, damit das Land sich gegen den propagandistischen Druck und einen allfälligen militärischen Angriff durch das faschistische Deutschland verteidigen konnte.	ANAWIS	23
Die **Eiserne Front** war ein 1931 gegründeter Zusammenschluss des Reichsbanners Schwarz- Rot-Gold, des Allgemeinen Deutschen Gewerkschaftsbundes (ADGB), des Allgemeinen freien Angestelltenbundes (Afa-Bund), der SPD und des Arbeiter-Turn- und Sportbundes (ATSB). Die Eiserne Front verstand sich als Bündnis und nicht als Mitgliederorganisation. Das Ziel der Eisernen Front war die »Erhaltung und Erfüllung« der Verfassung der Weimarer Republik und die Abwehr radikaler republikfeindlicher Bestrebungen, insbesondere durch die Nazis. Zu ihren politischen Gegnern gehörten auch im Stahlhelm – Bund der Frontsoldaten – organisierte Monarchisten sowie die KPD. Der KPD-Vorsitzende Ernst Thälmann charakterisierte die Eiserne Front daher als »Terrororganisation des Sozialfaschismus«.	EIFRO	23
Giustizia e Libertà (deutsch: »Gerechtigkeit und Freiheit«), auch, »GL«, war eine italienische Widerstandsbewegung gegen den Faschismus. Die antifaschistische Widerstandsbewegung »Giustizia e Libertà« wurde im Jahre 1929 von Carlo Rosselli, Emilio Lussu und Alberto Tarchiani in Paris gegründet. Unter demselben Namen erschien auch eine Wochenzeitung, die die politische Haltung zum Ausdruck brachte. In Italien bildeten sich Gruppen, die die Ziele von »Giustizia e Libertà« vertraten und im Kontakt mit dem Pariser Zentrum standen.	GIULI	23

VEREINIGUNG, BEWEGUNG, GRUPPE, KREIS	AKRONYM	ZAHL
Als **Kölner Kreis** wird ein ziviler Widerstandskreis im Westen Deutschlands aus dem Umfeld des politischen Katholizismus bezeichnet. Der Kölner Kreis war ein Netzwerk von Katholiken im Rheinland und in Westfalen. Seine Mitglieder standen dem Nazismus zunächst vor allem aus religiösen Gründen ablehnend gegenüber. Daraus entwickelte sich in einem längeren Prozess der Entschluss zum politischen Widerstand.	KÖLK	23
Der **Mitteldeutsche Aufstand**, auch, »Märzaktion«, im März 1921 war eine von KPD, KAPD und anderen linksradikalen Kräften entfesselte bewaffnete Arbeiterrevolte in der Industrieregion um Halle, Leuna, Merseburg sowie im Mansfelder Land und in Hamburg. Die Aktion endete mit der Niederlage der Aufständischen, die zu einer zeitweiligen Schwächung der kommunistischen Partei beitrug. Innerhalb der VKPD (also dem Zusammenschluss von KPD und linken Teilen der USPD) kam es im Februar 1921 zum Sturz der Parteiführung um Paul Levi. Dabei spielte Karl Radek als Abgesandter des Exekutivkomitees der Kommunistischen Internationale (EKKI) eine zentrale Rolle. An Levis Stelle traten Vertreter der bisherigen linken Opposition. Vorsitzende wurden Heinrich Brandler und Walter Stoecker.	MIAUF	23
Das **Réseau Alibi** (1940 bis 1944) war ein Geheimdienstnetzwerk des französischen Innenwiderstands, das in ganz Frankreich aktiv war. Es wurde von Georges Charaudeau gegründet und umfasste ca. 450 Agenten, die in 20 Gruppen und Teil- bzw. Subnetzwerken Widerstand leisteten. Alibi übermittelte seine Informationen an den britischen Geheimdienst.	RESABI	23

VEREINIGUNG, BEWEGUNG, GRUPPE, KREIS	AKRONYM	ZAHL
Die **Rote Gruppe** war die erste, 1924 in Berlin gegründete kommunistische Künstlervereinigung in Deutschland. Zum Zeitpunkt der Gründung war klar, dass es keine Revolution in Deutschland geben würde. So befassten sich die Kommunisten nun intensiver mit Fragen der Bedeutung von Bildung, Kultur und Kunst. In diesem Kontext ist auch die Gründung der Künstlergruppe zu sehen, die sich das Ziel setzte, »zur verstärkten Wirksammachung der kommunistischen Propaganda durch Schrift, Bild und Bühnenmittel beizutragen«. Die Rote Gruppe bestand bis 1928 und ging dann in der neugegründeten Assoziation revolutionärer bildender Künstler, kurz: Asso, auf.	ROGRU	23
Widerstand im KZ Sachsenhausen. Am 22. Oktober 1942 meuterten jüdische Häftlinge aus dem Block 39 gegen die SS, indem sie sich weigerten, zum Appell anzutreten und zur Arbeit auszurücken. Sie reagierten damit auf die Ankündigung einer Massenerschießung der Juden auf dem Industriehof. Nach den Erinnerungen des Häftlings Horst Jonas habe es keinen Racheakt der SS gegeben. Am 27. März 1944 entdeckte die SS im KZ Sachsenhausen, dass der Häftling Friedrich Büker Radio Moskau abhörte und die Nachrichten auf Flugblättern verteilte. Daraufhin versuchte eine Sonderabteilung des Reichssicherheitshauptamtes mit Verhören und Spitzeln, die internationale Widerstandsorganisation im Lager zu zerschlagen. Obwohl innerhalb eines halben Jahres lediglich eine Solidaritätsaktion deutscher Kommunisten nachgewiesen werden konnte, sollten 27 Häftlinge vor allen Lagerinsassen erhängt werden. Aus Angst vor Unruhe wurde der Plan jedoch geändert und 24 deutsche und drei französische Häftlinge am Abend des 11.Oktober 1944 nach dem Zählappell in der »Station Z« erschossen. 102 weitere Häftlinge wurden am 20.Oktober in das KZ Mauthausen abgeschoben.	WISA	23

VEREINIGUNG, BEWEGUNG, GRUPPE, KREIS	AKRONYM	ZAHL
Die, »Allianz der antifaschistischen Intellektuellen für die Verteidigung der Kultur« (spanisches Original: »**Alianza de Intelectuales Antifascistas para la Defensa de la Cultura**«, seltener: »Alianza de Escritores Antifacistas para la Defensa de la Cultura«, kurz:, »Allianz der antifaschistischen Intellektuellen«) war eine zivilgesellschaftliche Organisation, die sich nach Ausbruch des Spanischen Bürgerkrieges am 30. Juli 1936 gründete. Das Bündnis war zunächst in Madrid angesiedelt und wechselte mit der Regierung der Zweiten Spanischen Republik nach Valencia.	ALIADC	22
Unter dem Namen **Freie sozialistische Jugend** (auch: »Freie sozialistische Arbeiterjugend«, »Freie Sozialistische Jugend«), waren verschiedene Jugendverbünde zu Beginn des zwanzigsten Jahrhunderts im Deutschen Kaiserreich gegründet worden. Sie existierten bis zum Ende des Ersten Weltkrieges beziehungsweise bis zum Beginn der Weimarer Republik. Ziel der Organisationen war es, »die wirtschaftlichen, rechtlichen und geistigen Interessen der Lehrlinge, jugendlichen Arbeiter und Arbeiterinnen« zu wahren. Durch die unterschiedlichen gesetzlichen Vorgaben innerhalb des deutschen Kaiserreiches standen sie offen oder verdeckt den Zielen der deutschen Sozialdemokratie nahe.	FRESO	22

VEREINIGUNG, BEWEGUNG, GRUPPE, KREIS	AKRONYM	ZAHL
Die **Ligue internationale Contre le Racisme et l'Antisémitisme** (, »LICRA«, Internationale Liga gegen Rassismus und Antisemitismus) oder früher LICA (Ligue internationale Contre l'Antisémitisme) ist eine internationale Nichtregierungsorganisation, die sich dem Kampf gegen Rassismus und Antisemitismus verschrieben hat. Sie wurde 1927 in Frankreich gegründet, wo sie noch heute ihren Tätigkeitsschwerpunkt hat und über großen politischen Einfluss verfügt. mDie Liga entstand 1927 in Paris, als der Journalist und aktive Sozialist Bernard Lecache Unterstützung für Scholom Schwartzbard organisierte, der am 25. Mai 1926 den ukrainischen Politiker Symon Petljura (Petlura) erschossen hatte, den er für Judenverfolgung (Pogrome) in seiner Heimat der Ukraine verantwortlich machte, denen auch dessen Familie zum Opfer fiel.	INLIRA	22
Internationale Transportarbeiter-Föderation (ITF). Die Geschichte geht auf die International Federation of Ship, Dock and River Workers zurück, die im Jahr 1896 gegründet wurde und den derzeitigen Namen 1898 annahm. Die ITF spielte zwischen 1933 und 1945 eine wichtige Rolle im Widerstand gegen den Faschismus, da es ihr gelang, verschiedene illegal arbeitende Gruppen von Transportarbeitern in Deutschland sowie im Exil unter deutschen Seeleuten arbeitende Mitglieder logistisch und finanziell effektiv zu unterstützen und einen kontinuierlichen Informationsfluss in beide Richtungen zu gewährleisten.	INTRA	22

VEREINIGUNG, BEWEGUNG, GRUPPE, KREIS	AKRONYM	ZAHL
05 ist das Kürzel der bekanntesten österreichischen Widerstandsgruppe gegen den Nazismus, die ab 1944 in Erscheinung getreten ist. Das Kürzel steht für die Buchstaben O und E für Österreich. Als eine Art »ideologische Überorganisation« verschiedener Widerstandsgruppen stand ihr »Markenzeichen« »O5« über Parteigrenzen und Ideologien hinweg für den gemeinsamen Kampf für ein freies Österreich. Das »O5«-Zeichen am Wiener Stephansdom erinnert daran.	O-FÜNF	22
Die **Etter-Rose-Hampel-Gruppe** war eine Widerstandsorganisation gegen den Nazifaschismus in Hamburg. Sie bestand zum großen Teil aus jungen Menschen antifaschistisch und antimilitaristisch orientierter Elternhäuser, die bei der Machtübergabe an die Nazipartei 1933 noch Kinder oder Jugendliche waren. Benannt wurde dieser Zusammenschluss nach dem Orthopädie-Mechaniker Werner Etter, der Schneidermeisterin Liesbeth Rose und dem Maler Ernst Hampel, die am 5. Januar 1945 vom Volksgerichtshof zum Tode verurteilt und in den folgenden Monaten hingerichtet wurden. Insgesamt kamen zwölf Angehörige dieser Gruppe in der Zeit des Nazifaschismus ums Leben.	ETROH	21
Der **Leninbund** (auch »Lenin-Bund« oder »Leninbund (Linke Kommunisten)«) war eine kommunistische Partei in Deutschland. Der Leninbund konstituierte sich Anfang April 1928, seine (zunächst ca. 6000) Mitglieder waren im Wesentlichen ehemalige KPD-Mitglieder, welche nach der Verdrängung des »ultralinken« und linken Flügels durch die Führung unter Ernst Thälmann aus verantwortlichen Positionen aus der Partei ausgeschlossen wurden oder austraten.	LENBU	21

VEREINIGUNG, BEWEGUNG, GRUPPE, KREIS	AKRONYM	ZAHL
Die **Revolutionären Sozialisten Österreichs** wurden nach den Februarkämpfen 1934 und dem Verbot der Sozialdemokratischen Arbeiterpartei (SDAP) vom nach Brünn geflüchteten Otto Bauer und dessen »Auslandsbüro der österreichischen Sozialdemokraten« (ALÖS) als Nachfolgeorganisation der SDAP anerkannt und unterstützt. Nachdem der erste Vorsitzende Manfred Ackermann 1934 und im Jänner 1935 auch sein Nachfolger Karl Hans Sailer verhaftet worden waren, übernahm Joseph Buttinger, Bezirksparteisekretär aus Kärnten, die Organisation und gliederte sie zu einer konspirativen Kaderpartei um.	REVSÖ	21
Die **Roten Kämpfer** waren eine syndikalistische, rätekommunistische Organisation und Widerstandsgruppe gegen den Faschismus. Die Gruppe wurde 1931 oder 1932 gegründet. Zu den Gründern gehörten ehemalige Mitglieder der KAPD »(Essener Richtung)«, wie Arthur Goldstein, Bernhard Reichenbach, Alexander Schwab und Karl Schröder, welche zwischenzeitlich entristisch in der SPD gearbeitet hatten. Andere Mitglieder kamen aus der Sozialwissenschaftlichen Vereinigung, einem 1924 gegründeten, überparteilichen marxistischen Bildungsverein in Berlin; weitere Mitglieder (vor allem an der Ruhr und in Sachsen) kamen vom linken Flügel der SAPD und der SAJ. Zu den Mitgliedern zählten auch der Schriftsteller Franz Jung, der Offizier Harro Schulze-Boysen und anfänglich auch der spätere nordrhein-westfälische Ministerpräsident Heinz Kühn. Die Gruppe umfasste insgesamt circa 400 Mitglieder, mit Schwerpunkten in Berlin, Sachsen und dem Ruhrgebiet.	ROKÄM	21

VEREINIGUNG, BEWEGUNG, GRUPPE, KREIS	AKRONYM	ZAHL
Slowakischer Nationalaufstand (sl.: »Slovenské národné povstanie«, kurz, »SNP«; alternativ auch »Povstanie roku 1944«, deutsch: »Der Aufstand des Jahres 1944«) ist die Bezeichnung für eine im Zweiten Weltkrieg vom slowakischen Widerstand organisierte militärische Erhebung. Der Aufstand richtete sich einerseits gegen die ab dem 29. August 1944 beginnende Okkupation der Slowakei durch die deutsche Wehrmacht, andererseits gegen das slowakische Kollaborationsregime der Ludaken unter Jozef Tiso. Er war neben dem Warschauer Aufstand] einer der größten Aufstände im Hegemoniebereich des Naziregimes.	SLOWNA	21
Partisan in Jugoslawien wurde einer, der einem der Volksstämme des Landes angehörte oder einer anderen Nationalität, der für die Befreiung von faschistischer Beherrschung einstehen wollte. Dazu kamen zahlreiche Wehrmachtsangehörige, die nach ihrer Desertation zu den Partisanen überliefen.	PA-JU	20
Der **Comitato di Liberazione Nazionale** (CLN, »Komitee der nationalen Befreiung«) wurde in Rom am 9. September 1943 – einen Tag nach dem Waffenstillstand Italiens mit den West- Alliierten – gegründet. Es war ein politisches Gremium der Widerstandsbewegung in Süd- und Mittelitalien gegen den italienischen Faschismus. Im Norden schlossen sich die Partisanengruppen zum CLNAI (CLN Oberitaliens) zusammen, das zunächst unabhängig vom CLN agierte.	COLIN	20

VEREINIGUNG, BEWEGUNG, GRUPPE, KREIS	AKRONYM	ZAHL
Der **Freiburger Kreis** war eine Gruppe von ordoliberalen Wirtschaftswissenschaftlern – Adolf Lampe, Constantin von Dietze und Walter Eucken – sowie Juristen und eine Reihe von evangelischen und katholischen Christen, die sich aus Anlass der Novemberpogrome 1938 seit Dezember 1938 in einem oppositionellen Gesprächskreis trafen, dem »Freiburger Konzil«. Dietze, Lampe und der Historiker Gerhard Ritter waren zudem Mitglieder in der Bekennenden Kirche. Zum Freiburger Kreis gehörten u. a. auch Clemens Bauer, Franz Böhm, Friedrich Delekat, Otto Dibelius, Otto Hof, Friedrich Justus Perels, Helmut Thielicke, Erik Wolf, Ernst Wolf und Leonhard Miksch.	FREIK	20
Im Jahr 1935 organisierte der sowjetische Schriftsteller Ilja Ehrenburg gemeinsam mit den französischen Autoren André Malraux, André Gide, Jean-Richard Bloch und Paul Nizan einen **»Internationalen Schriftstellerkongress zur Verteidigung der Kultur«** im Juni 1935 in Paris. Zu den Teilnehmern gehörten neben André Breton, Tristan Tzara, Louis Aragon, Aldous Huxley, Edward Morgan Forster, auch deutschsprachige Schriftsteller wie Bertolt Brecht, Heinrich Mann, Ernst Toller, Anna Seghers, Robert Musil, Gustav Regler und Egon Erwin Kisch. Auch der »Zweite Internationale Schriftstellerkongress zur Verteidigung der Kultur« wurde von Ilja Ehrenburg organisiert, er tagte im Juli 1937 zunächst in Valencia, dann in Madrid und schließlich in Paris. Teilnehmer waren unter anderem André Malraux (Frankreich), Octavio Paz (Chile) und Pablo Neruda (Chile). 1939 fand in New York ein weiterer internationaler Kongress »Exilkongreß« statt, der ganz im Zeichen des Themas Exil und Exilliteratur stand (»Exilkongress«).	INSCH	20

VEREINIGUNG, BEWEGUNG, GRUPPE, KREIS	AKRONYM	ZAHL
Slowakischer Nationalaufstand (sl.: »Slovenské národné povstanie«, kurz, »SNP«; alternativ auch »Povstanie roku 1944«, deutsch: »Der Aufstand des Jahres 1944«) ist die Bezeichnung für eine im Zweiten Weltkrieg vom slowakischen Widerstand organisierte militärische Erhebung. Der Aufstand richtete sich einerseits gegen die ab dem 29. August 1944 beginnende Okkupation der Slowakei durch die deutsche Wehrmacht, andererseits gegen das slowakische Kollaborationsregime der Ludaken unter Jozef Tiso. Er war neben dem Warschauer Aufstand] einer der größten Aufstände im Hegemoniebereich des Naziregimes.	SLOWNA	21
Partisan in Jugoslawien wurde einer, der einem der Volksstämme des Landes angehörte oder einer anderen Nationalität, der für die Befreiung von faschistischer Beherrschung einstehen wollte. Dazu kamen zahlreiche Wehrmachtsangehörige, die nach ihrer Desertation zu den Partisanen überliefen.	PA-JU	20
Der **Comitato di Liberazione Nazionale** (CLN, »Komitee der nationalen Befreiung«) wurde in Rom am 9. September 1943 – einen Tag nach dem Waffenstillstand Italiens mit den West- Alliierten – gegründet. Es war ein politisches Gremium der Widerstandsbewegung in Süd- und Mittelitalien gegen den italienischen Faschismus. Im Norden schlossen sich die Partisanengruppen zum CLNAI (CLN Oberitaliens) zusammen, das zunächst unabhängig vom CLN agierte.	COLIN	20

VEREINIGUNG, BEWEGUNG, GRUPPE, KREIS	AKRONYM	ZAHL
Der **Freiburger Kreis** war eine Gruppe von ordoliberalen Wirtschaftswissenschaftlern – Adolf Lampe, Constantin von Dietze und Walter Eucken – sowie Juristen und eine Reihe von evangelischen und katholischen Christen, die sich aus Anlass der Novemberpogrome 1938 seit Dezember 1938 in einem oppositionellen Gesprächskreis trafen, dem »Freiburger Konzil«. Dietze, Lampe und der Historiker Gerhard Ritter waren zudem Mitglieder in der Bekennenden Kirche. Zum Freiburger Kreis gehörten u. a. auch Clemens Bauer, Franz Böhm, Friedrich Delekat, Otto Dibelius, Otto Hof, Friedrich Justus Perels, Helmut Thielicke, Erik Wolf, Ernst Wolf und Leonhard Miksch.	FREIK	20
Die **Fareinikte Partisaner Organisatzije** (FPO; jid.: פֿאַראײיניקטע פּאַרטיזאַנער אָרגאַניזאַציע YIVO=Fa reynikte Partizaner Organizatsye, dt.: Vereinigte Partisanen-Organisation) war eine jüdische Widerstandsgruppe gegen die deutsche Besatzungsmacht im heutigen Litauen. Die FPO wurde am 21.Januar 1942 in Wilna durch den Zusammenschluss verschiedener zionistischer Jugendverbände, unter ihnen HaSchomer haZa'ir, HaNo'ar haZioni und Betar, und kommunistischer Gruppen zu einer einheitlichen Widerstandsorganisation gebildet. Der Kommunist Jitzchak Wittenberg wurde zum Kommandeur gewählt. Nach dessen Tod am 16.Juli 1943 wurde Abba Kovner zum Nachfolger gewählt. Nach der Liquidierung des Ghettos von Wilna am 23.September 1943 zogen sich die Kämpfer der FPO in den Wald von Rūdninkai zurück, wo sie sich den sowjetischen Partisanen anschlossen, in deren Reihen sie am 13.Juli 1944 an der Operation Befreiung Wilnas teilnahmen.	FARPO	19

VEREINIGUNG, BEWEGUNG, GRUPPE, KREIS	AKRONYM	ZAHL
Die **Reichsarbeitsgemeinschaft der Kinderfreunde** (RAG) war eine Gliederung innerhalb der Sozialdemokratischen Partei Deutschlands (SPD) während der Weimarer Republik. Die Arbeitsgemeinschaft wurde 1923 in Berlin gegründet und nach der Machtübergabe an die Nazis im Jahr 1933 verboten. Ihr 1. Vorsitzender war bis zum Verbot Kurt Löwenstein. Die Kinderfreunde waren Teil der »Sozialdemokratischen Familie« wie z. B. die Arbeiterwohlfahrt (AWO) und die Frauenorganisation. Trotz der von der Sozialdemokratischen Partei gewährten Entscheidungsfreiheit in ihren eigenen Angelegenheiten war die RAG eine unselbständige Parteigliederung.	REAKIF	19
Der **Sperr-Kreis** war ein bürgerlicher Widerstandskreis gegen den Faschismus in Bayern, der nach dem ehemaligen bayerischen Gesandten in Berlin Franz Sperr benannt war. Der Kreis umfasste etwa 66 Mitglieder. Das Ziel des Widerstandskreises war der Aufbau einer »Auffangorganisation« für die Zeit nach dem Untergang des »Dritten Reiches« in Bayern. Seine Führungsriege bestand aus Franz Sperr sowie den früheren Weimarer Reichsministern und ehemaligen DDP-Mitgliedern Otto Geßler und Eduard Hamm. Sie standen früh mit dem bayerischen Kronprinzen Rupprecht in Verbindung, der im Falle des Zusammenbruchs als Integrationsfigur an die Spitze Bayerns treten sollte. Zur Wiederherstellung von Sicherheit und Ordnung trat man mit geeigneten Persönlichkeiten aus Militär, Polizei, Justiz, Verwaltung und Wirtschaft in Kontakt. Im Verlauf des Zweiten Weltkrieges nahm der Kreis mit dem westlichen Ausland sowie mit anderen Widerstandsgruppen Fühlung auf. So geriet er in das Fahrwasser des gescheiterten Attentats vom 20. Juli 1944, in dessen Folge seine führenden Köpfe verhaftet wurden. Sperr wurde hingerichtet, Hamm verlor sein Leben im Gefängnis. Doch ein Großteil der ehemaligen Mitglieder der Gruppe überlebte den Krieg und beteiligte sich am Wiederaufbau und der Rückkehr zum Rechtsstaat.	SPERR	19

VEREINIGUNG, BEWEGUNG, GRUPPE, KREIS	AKRONYM	ZAHL
Truand, »Gauner« im Sinne von »Auf eigene Faust-Kämpfer«. Beispiel ist Joseph Joanovici (genannt »Joino« oder »Monsieur Jo«geboren am 22. Februar 1905 in Kischinew; gestorben am 7. Februar 1965 in Clichy) war ein französischer Eisenhändler und Kollaborateur der deutschen Besatzung mit engen Verbindungen ins Kriminellenmilieu und zur »französischen Gestapo« Carlingue. Gegen Ende des Krieges leistete er finanzielle Hilfe an die Résistance. Für diese Art von Tätern ist heute die französische Bezeichnung »Truands« – Gauner – gebräuchlich.	TRUAND	19
Der **Warschauer Aufstand** war die militärische Erhebung der Polnischen Heimatarmee (»Armia Krajowa«, kurz »AK«) gegen die deutsche Besatzungsmacht im Zweiten Weltkrieg in Warschau vom 1.August bis zum 2.Oktober 1944. Von der polnischen Exilregierung in London im Rahmen der landesweiten Aktion Burza befohlen, war er neben dem Slowakischen Nationalaufstand eine der größten Erhebungen gegen das nazistische Herrschaftssystem. Die Widerständler kämpften 63 Tage gegen die Besatzungstruppen, bevor sie angesichts der aussichtslosen Situation kapitulierten. Die deutschen Truppen begingen Massenmorde unter der Zivilbevölkerung, und die Stadt wurde nach dem Aufstand fast vollständig zerstört. Über die Frage, weshalb die auf der anderen Seite der Weichsel stehende Rote Armee – bis auf die 1. Polnische Armee – nicht in die Kämpfe eingriff, wird unter Historikern kontrovers diskutiert.	WAAUF	19

VEREINIGUNG, BEWEGUNG, GRUPPE, KREIS	AKRONYM	ZAHL
Widerstand im KZ Mauthausen. In der Nacht zum 2.Februar 1945 unternahmen etwa 500 sowjetische Offiziere gemeinsam einen Fluchtversuch aus dem Todesblock 20; fast alle wurden bei der darauf folgenden dreiwöchigen Verfolgungsaktion ermordet (siehe auch die sogenannte »Postenpflicht« der KZ-Wachposten). Große Bekanntheit erlangte dieses Kriegsverbrechen 1994 durch den Film »Hasenjagd – Vor lauter Feigheit gibt es kein Erbarmen«. Einige der elf Überlebenden wurden von der Bevölkerung bis zum Kriegsende versteckt oder versorgt. Im Mai 2001 wurde in Ried in der Riedmark ein erster Gedenkstein errichtet. Am 7.Mai 2006 wurde in Gallneukirchen ein Mahnmal feierlich übergeben, hier waren rund 20 Flüchtlinge, die schon elendig geschunden waren, ermordet worden.	WIMA	19
Das **Antifaschistische Komitee Freies Deutschland** (, »AKFD«) war eine auf dem Balkan tätige Organisation ehemaliger deutscher Wehrmachtsoldaten nach dem Vorbild des NKFD und bestand von August bis Dezember 1944. Aus der Wehrmacht desertierte oder kriegsgefangene deutsche Soldaten kämpften bereits seit längerem, und besonders seit Sommer 1943 (als vermehrt Einheiten der Strafdivision 999 nach Griechenland verlegt wurden und überliefen) in vereinzelten Gruppen bei der griechischen Volksbefreiungsarmee ELAS gegen die deutschen und italienischen Besatzungstruppen und die mit ihnen kollaborierenden griechischen Milizen. Sie wurden dabei unmittelbar in ELAS-Verbänden aufgenommen und waren nicht in besonderen eigenständigen deutschen Partisaneneinheiten organisiert.	AKOFD	18

VEREINIGUNG, BEWEGUNG, GRUPPE, KREIS	AKRONYM	ZAHL
Das **Comité d'action socialiste** (CAS) (»Sozialistisches Aktionskomitee«) war eine Bewegung der französischen Résistance, die ab 1940 von Daniel Mayer auf Anweisung von Léon Blum gegründet wurde, um die »Section française de l'Internationale ouvrière« (SFIO), deutsch »Französische Sektion der Arbeiter-Internationale«, wiederzubeleben und um einen sozialistischen Widerstand gegen die deutsche Besatzung Frankreichs zu organisieren. Die CAS löste sich im März 1943 auf, als sich die Untergrund-SFIO gründete.	COMSO	18
Der **Conseil national de la Résistance** (, »CNR«; dt.:«Nationaler Widerstandsrat«) war das Organ, das die unterschiedlichen Bewegungen und Gruppen der Résistance, der Presse, der Gewerkschaften und der Mitglieder politischer Parteien, die dem Vichy-Regime und der deutschen Okkupation ablehnend gegenüberstanden, ab 1943 koordinierte und leitete.	CONAR	18
Die **Deutsche Volksfront**, auch, »Zehn-Punkte-Gruppe« genannt, war eine 1936 in Berlin gegründete und 1938 zerschlagene vorwiegend sozialdemokratisch geprägte Widerstandsgruppe um Hermann Brill gegen das Nazi-Regime. Beeinflusst von Ereignissen im Ausland kam in Berlin eine Reihe von nicht emigrierten Sozialdemokraten zusammen, um am 21. Dezember 1936 ein Gründungsdokument für die Deutsche Volksfront zu erarbeiten. Unter diesen waren Otto Brass Hermann Brill, Oskar Debus, Franz Petrich, Fritz Michaelis, Johannes Kleinspehn und Otto Jenssen. Ob auch die Abgesandte der Kommunistischen Internationale in Berlin, Elli Schmidt, daran beteiligt war, ist nicht klar erwiesen.	DEVOF	18

VEREINIGUNG, BEWEGUNG, GRUPPE, KREIS	AKRONYM	ZAHL
Führungscharakter, in RESI gebräuchlich: »KFNB« (Loko-motiv-Typ b. d. Eisenbahn). Die, »k. k. privilegierte Kaiser Ferdinands-Nordbahn« (KFNB) (tschech. »c. k. priv. Severní dráha císaře Ferdinanda«, ab 1919 offiziell, »Severní dráha Ferdinandova«; SDF) war eine Eisenbahn- und Bergbaugesellschaft in Österreich und dessen Nachfolgestaat Tschechoslowakei.	FÜHRCH	18
Der **Heinrich-Heine-Klub** war ein Verein von deutschen Exilanten in Mexiko, der von 1941 bis 1946 existierte. Organisatoren des ersten Treffens waren Rudolf Feistmann Bodo Uhse, Egon Erwin Kisch und Anna Seghers, die auch den Klubvorstand bildeten. Präsidentin wurde Anna Seghers, Vizepräsident wurde Egon Erwin Kisch. Die erste Veranstaltung mit einer Lesung aus Seghers' Roman »Das siebte Kreuz« war Auftakt zu einer Reihe von kulturellen Veranstaltungen – Diskussionsabende, Lesungen und Theateraufführungen –, zu denen bis zu 1200 Besucher kamen. Der Heine-Klub wurde zum anerkannten, multinationalen kulturellen Zentrum einer kleinen Gemeinde deutschsprachiger Exilierter und Emigranten, in dem Angehörigen künstlerischer und akademischer Berufe auch ein Betätigungsfeld geboten wurde.	HEINE	18
Der Internationale Versöhnungsbund (engl., »**International Fellowship of Reconciliation**«, IFOR) ist eine Friedensorganisation, die im Oktober 1919 aus dem am 2. August 1914, d. h. unmittelbar zu Beginn des Ersten Weltkrieges von Christen gegründeten »Weltbund für Freundschaftsarbeit der Kirchen« hervorging und heute Angehörige unterschiedlicher religiöser Bekenntnisse und Weltanschauungen umfasst. Heute tritt er in über 40 Ländern für eine Kultur der Gewaltlosigkeit ein und arbeitet so für Frieden und Menschenrechte und gegen Krieg, Militarisierung und alle Formen von Gewalt.	IFOR	18

VEREINIGUNG, BEWEGUNG, GRUPPE, KREIS	AKRONYM	ZAHL
Im **Pfarrernotbund**, gegründet am 21. September 1933, schlossen sich deutsche evangelische Theologen, Pastoren und andere kirchliche Amtsträger gegen die Einführung des Arierparagraphen in der Deutschen Evangelischen Kirche (DEK) zusammen. Damit reagierten sie auf die Wahl Ludwig Müllers zum Reichsbischof am 27. September 1933 und auf die seit 1933 begonnenen Versuche der Deutschen Christen (DC), die Deutsche Evangelische Kirche (DEK) in eine von der Nazi-Ideologie beherrschte »Reichskirche« ohne Christen jüdischer Herkunft umzuformen. Damit begann der Kirchenkampf in der Zeit des Naziregimes, in dessen Verlauf aus dem Pfarrernotbund 1934 die Bekennende Kirche hervorging.	PFANOB	18
Der **Sozialistische Jugend-Verband Deutschlands** (»SJVD«, auch, »SJV«) war eine der SAPD nahestehende, sozialistische Jugendorganisation. 1931 gleichzeitig mit der SAPD gegründet, bestand der SJVD im Wesentlichen aus vormaligen Mitgliedern der sozialdemokratischen SAJ, wobei wie in Breslau und Dresde (dort zählte der Verband 1.000 Mitglieder) teilweise ganze Ortsgruppen oder signifikante Teile von SAJ-Strukturen die Organisation wechselten. Während der Auseinandersetzungen um den Kurs der Partei 1932–33 zählte der zwischen 8.000 und 10.000 Mitglieder zählende Verband zum linken Parteiflügel und widersetzte sich den Auflösungsbestrebungen der Parteivorsitzenden Max Seydewitz und Kurt Rosenfeld.	SOJUVE	18

VEREINIGUNG, BEWEGUNG, GRUPPE, KREIS	AKRONYM	ZAHL
Widerstand im KZ Dachau. Pfarrerblock: Im Januar 1941 wurde in Block 26, Stube 4, auf Befehl des Reichsführer RFSS Heinrich Himmler für die Geistlichen eine Kapelle eingerichtet. Vom 22. Januar an konnten die Geistlichen dort täglich Gottesdienst feiern. Hierbei war jeweils ein SS-Wachmann zur Aufsicht anwesend. Der Altar bestand aus einem kleinen Tisch, der mit Bettlaken überspannt wurde. Darauf befanden sich ein winziger Kelch und eine hölzerne Monstranz, später eine schön anzusehende, selbstgemachte Monstranz aus Blech. Später trafen Geschenke kirchlicher Vertreter von außerhalb ein. Der Franziskaner Thaddäus Brunke schrieb großformatige Noten und Texte für den gregorianischen Gesang bei den Gottesdiensten, die bis zur Befreiung des Lagers in Gebrauch waren.	WIDA	18
Im **Pfarrernotbund**, gegründet am 21. September 1933, schlossen sich deutsche evangelische Theologen, Pastoren und andere kirchliche Amtsträger gegen die Einführung des Arierparagraphen in der Deutschen Evangelischen Kirche (DEK) zusammen. Damit reagierten sie auf die Wahl Ludwig Müllers zum Reichsbischof am 27. September 1933 und auf die seit 1933 begonnenen Versuche der Deutschen Christen (DC), die Deutsche Evangelische Kirche (DEK) in eine von der Nazi-Ideologie beherrschte »Reichskirche« ohne Christen jüdischer Herkunft umzuformen. Damit begann der Kirchenkampf in der Zeit des Naziregimes, in dessen Verlauf aus dem Pfarrernotbund 1934 die Bekennende Kirche hervorging.	PFANOB	18

VEREINIGUNG, BEWEGUNG, GRUPPE, KREIS	AKRONYM	ZAHL
Der **Sozialistische Jugend-Verband Deutschlands** (, »SJVD«, auch, »SJV«) war eine der SAPD nahestehende, sozialistische Jugendorganisation. 1931 gleichzeitig mit der SAPD gegründet, bestand der SJVD im Wesentlichen aus vormaligen Mitgliedern der sozialdemokratischen SAJ, wobei wie in Breslau und Dresde (dort zählte der Verband 1.000 Mitglieder) teilweise ganze Ortsgruppen oder signifikante Teile von SAJ-Strukturen die Organisation wechselten. Während der Auseinandersetzungen um den Kurs der Partei 1932–33 zählte der zwischen 8.000 und 10.000 Mitglieder zählende Verband zum linken Parteiflügel und widersetzte sich den Auflösungsbestrebungen der Parteivorsitzenden Max Seydewitz und Kurt Rosenfeld.	SOJUVE	18
Die **Armée secrète** (»Geheimarmee«) war eine Gruppierung der französischen Résistance während des Zweiten Weltkriegs. Sie ist nicht zu verwechseln mit der »Organisation de l'armée secrète (OAS)«, einer französischen Untergrundbewegung während der Endphase des Algerienkriegs. Gegründet 1942 von Jean Moulin entstand die Armée secrète aus der zusammenfassenden Verbindung folgender Résistance-Gruppen: – Combat – Libération Sud – Franc-Tireur	ARMS	17
Die Kommunistische Partei der Niederlande (nl. »**Communistische Partij van Nederland**«, kurz: »CPN«) war eine 1909 entstandene niederländische Partei. Sie vertrat einen marxistisch-leninistischen Standpunkt. 1909 als, »Sozialdemokratische Partei« (nl. »Sociaal- Democratische Partij«, kurz: »SDP«) gegründet, nahm sie 1918 den Namen, »Kommunistische Partei Hollands« (nl. »Communistische Partij van Holland«, kurz: »CPH«) und 1935 ihren bis zu ihrer Auflösung 1991 gültigen Namen an.	COMPANE	17

VEREINIGUNG, BEWEGUNG, GRUPPE, KREIS	AKRONYM	ZAHL
Im Frühherbst 1943 äußerte die »**Front de l'Indépendance**« (FI) (flämisch: »Onafhankelijkheidsfront,« OF) in ihrem »Bulletin National Interieur« den Wunsch, »etwas zu tun«, um den 25. Jahrestag des Waffenstillstands vom November 1918 zu begehen. Der Journalist Marc Aubrion von der FI hatte die Idee, einen falschen »Soir« mit »Zwanze« (typisch Brüsseler Humor) herauszugeben. So sollten die Deutschen lächerlich gemacht und die Moral der Belgier gestärkt werden. René Noël, Leiter der Presseabteilung der FI, und weitere Männer schlossen sich der Gruppe an. Sie trafen sich in der Werkstatt des Druckers Pierre Lauwers in Anderlecht, der die Druckplatten für den »falschen Soir« herstellte. Nach dem Einverständnis von Noël nahm das Projekt bei einer Sitzung im Haus des Malers Léon Navez Gestalt an. Drei Redakteure setzten sich für die Umsetzung des Pastiche ein: Fernand	FROLIN	17
Die **Armée secrète** (»Geheimarmee«) war eine Gruppierung der französischen Résistance während des Zweiten Weltkriegs. Sie ist nicht zu verwechseln mit der »Organisation de l'armée secrète (OAS)«, einer französischen Untergrundbewegung während der Endphase des Algerienkriegs. Gegründet 1942 von Jean Moulin entstand die Armée secrète aus der zusammenfassenden Verbindung folgender Résistance-Gruppen: – Combat – Libération Sud – Franc-Tireur	ARMS	17

VEREINIGUNG, BEWEGUNG, GRUPPE, KREIS	AKRONYM	ZAHL
Die Kommunistische Partei der Niederlande (nl. »**Communistische Partij van Nederland**«, kurz: »CPN«) war eine 1909 entstandene niederländische Partei. Sie vertrat einen marxistisch-leninistischen Standpunkt. 1909 als, »Sozialdemokratische Partei« (nl. »Sociaal-Democratische Partij«, kurz: »SDP«) gegründet, nahm sie 1918 den Namen, »Kommunistische Partei Hollands« (nl. »Communistische Partij van Holland«, kurz: »CPH«) und 1935 ihren bis zu ihrer Auflösung 1991 gültigen Namen an.	COMPANE	17

VEREINIGUNG, BEWEGUNG, GRUPPE, KREIS	AKRONYM	ZAHL
Im Frühherbst 1943 äußerte die »**Front de l'Indépendance**« (FI) (flämisch: »Onafhankelijkheidsfront,« OF) in ihrem »Bulletin National Interieur« den Wunsch, »etwas zu tun«, um den 25. Jahrestag des Waffenstillstands vom November 1918 zu begehen. Der Journalist Marc Aubrion von der FI hatte die Idee, einen falschen »Soir« mit »Zwanze« (typisch Brüsseler Humor) herauszugeben. So sollten die Deutschen lächerlich gemacht und die Moral der Belgier gestärkt werden. René Noël, Leiter der Presseabteilung der FI, und weitere Männer schlossen sich der Gruppe an. Sie trafen sich in der Werkstatt des Druckers Pierre Lauwers in Anderlecht, der die Druckplatten für den »falschen Soir« herstellte. Nach dem Einverständnis von Noël nahm das Projekt bei einer Sitzung im Haus des Malers Léon Navez Gestalt an. Drei Redakteure setzten sich für die Umsetzung des Pastiche ein: Fernand Demany, ehemaliger Herausgeber von »Le Soir,« Adrien van den Branden de Reeth – stellvertretender Staatsanwalt – und der Rechtsanwalt Pierre Ansiaux. Finanziert wurde das Vorhaben von dem Unternehmer Alfred Fourcroy, der auch für ein Fluchtnetz für alliierte Piloten verantwortlich war. Théo Mullier wurde bei »Le Soir volé« eingeschleust und übermittelte die Schlagzeile der Zeitung sowie die Liste der von der Zeitung direkt belieferten Kioske, die Lieferzeiten und die Anzahl der üblicherweise abgenommenen Exemplare. Der Kern des Teams bestand aus Anhängern der kommunistischen Bewegung.	FROLIN	17

VEREINIGUNG, BEWEGUNG, GRUPPE, KREIS	AKRONYM	·ZAHL
Die **Kommunistische Arbeitsgemeinschaft** (KAG) war eine von 1921 bis 1922 existierende Abspaltung der Kommunistischen Partei Deutschlands (KPD), die infolge der Kritik am KPD- geführten Märzaufstand von 1921 entstand. Geführt wurde sie vom ehemaligen KPD- Vorsitzenden Paul Levi. In der Broschüre »Unser Weg. Wider den Putschismus« hatte Levi die putschistische Taktik der KPD beim Märzaufstand 1921, die sogenannte »Offensiv- Theorie«, öffentlich kritisiert. Nachdem er diese Kritik an der deutschen und der internationalen Leitung der Kommunisten aufrechterhalten hatte, wurde er auf Betreiben der Mehrheit der Komintern-Führung um Sinowjew und der Mehrheit des Parteivorstandes aus der KPD ausgeschlossen.	KOARG	17
Ein bedeutendes international operierendes Fluchthilfenetzwerk, das schon 1941 aktiv war, bestand im von Andrée de Jongh gegründeten Komet **»Réseau Comète«**.	RECOM	17
Die **Roten Drei** waren drei leistungsstarke Kurzwellensender, die dem Leiter des sowjetischen Nachrichtendienstes in der Schweiz Sándor Radó, auch »Alexander Rado«, bis Ende 1943 zur Verfügung standen. Nach der Verhaftung von Leopold Trepper, dem Residenten der GRU in Frankreich mit dem Decknamen »Grand Chef«, im Jahre 1942 war die »Rote Drei« die ergiebigste Residentur der GRU. Ihr Erfolg war auf die Nachrichten von Rudolf Rößler zurückzuführen, die dieser über Christian Schneider und Rachel Dübendorfer an Sándor Radó gelangen ließ.	RODREI	17

VEREINIGUNG, BEWEGUNG, GRUPPE, KREIS	AKRONYM	ZAHL

Auf der 1. Reichskonferenz war der **Rote Jungsturm** (später Rote Jungfront) »einer der Hauptberatungsgegenstände«. Als Unterabteilung des RFB sollte der RJS in »gewissem Umfang« eine »selbständige Organisation« für die Altersgruppe der 16- bis 21-Jährigen (ab November 1928 bis 23-Jährigen) sein, und in alle RFB-Leitungen sollte ein RJS-Mitglied und in alle RJS-Leitungen ein RFB-Mitglied gewählt werden. Politische Aktionen bedurften allerdings der Genehmigung der zuständigen RFB-Leitung. In den Ortsgruppen waren die RFB-Kameraden als »Lehrer« präsent. Ab 1927 konnte die RJF anlässlich der Reichskonferenz eine Vorkonferenz abhalten. Die Zunahme der Agitation machte eine verstärkte Schulung notwendig. Von besonderer Bedeutung war die zentrale Ausbildung im Sinn der Partei. Zwei ursprünglich zu Ferienzwecken angedachte Sommerkamps wurden zu »Reichsführerlagern« umfunktioniert. Das erste fand vom 3. bis 24. Juli 1927 im thüringischen Tambach-Dietharz und das zweite vom 15. Juli bis 12. August in Einsiedel (Erzgebirge) statt. Das Programm bestand aus militärischem Drill (Morgenappell, Planspiele, Wehrsportübungen usw.) gepaart mit einem Lagerleben, wie es bei Pfadfindern üblich ist.

ROJUNG 17

Die **Ungarische Kommunistische Partei** (hu.: Magyar Kommunista Párt, »MKP«) ist der letzte Name einer von 1918 bis 1948 bestehende, marxistisch-leninistisch ausgerichtete kommunistische Partei in Ungarn. Da sie aus der ungarischen Sektion bolschewistischen Partei von Wladimir Lenin entstanden ist und sich an deren Programm und Praxis orientierte, werden ihre Anhänger auch als, »ungarische Bolschewisten« (»magyar bolsevikok«) bezeichnet. Zwischen März und August 1919 war sie kurzzeitig die diktatorische Einheitspartei der Ungarischen Räterepublik unter Béla Kun. Ab 1947 folgte dann die erneute Machtübernahme unter Mátyás Rákosi.

UNKOPA 17

VEREINIGUNG, BEWEGUNG, GRUPPE, KREIS	AKRONYM	ZAHL
Die **Deutsche Jungenschaft vom 1. November 1929** bezeichnet einen von Eberhard Koebel, auch bekannt unter seinem Fahrtennamen »tusk«, gegründeten Jugendbund, der auch als »Deutsche Jungenschaft vom 1.11.1929« und »Deutsche Autonome Jungenschaft vom 1.11.1929« bezeichnet wird und vor allem unter der Abkürzung, »dj.1.11« bekannt ist. Koebel lehnte das in der bündischen Jugend verbreitete Lebensbund-Prinzip ab und gründete seinen Bund als reinen Jungenbund. Die Jungenschaften in dieser Tradition sahen und sehen sich nach Wandervogel und bündischer Jugend als dritte Welle der deutschen Jugendbewegung. Viele Historiker zählen sie heute aber zur bündischen Jugend.	DEJUN	16
Ab 1943 wurde Jacques-Louis Rollet-Andriane Generalsekretär für die Südzone der »**Forces unies de la jeunesse patriotique**« (FUJP) sowie zum Koordinator der Studentenbewegung »Union des Etudiants Patriotes« in der F.U.J.P. und im »Anti Deportation Committee« (C.A.D.). Nach dem D-Day schloss er sich dem Maquis an.	FUJEP	16

VEREINIGUNG, BEWEGUNG, GRUPPE, KREIS	AKRONYM	ZAHL
Es entstanden ab April 1939 in **Großbritannien FDJ-Gruppen.** Nur dort gelang es, landesweit unter den Emigranten tätig zu werden. In Schottland und anderen Regionen entstanden Gruppen. Hauptaufgabe der FDJ in Großbritannien war die Unterstützung der meist sehr jungen jüdischen Emigranten. Etwa zehn Prozent der Jugendlichen zwischen 14 und 18 Jahren, die mit Kindertransporten nach Großbritannien ausreisen konnten, traten später dort der FDJ bei. In 23 Städten gründeten sich Gruppen der FDJ mit insgesamt etwa 600 Mitgliedern. Die FDJ gab eine Organisationszeitung »Freie Deutsche Jugend« heraus. Ab April 1943 rief die FDJ in Großbritannien ihre Mitglieder dazu auf, in die britische Armee einzutreten. Etwa 150 Mitglieder folgten diesem Aufruf. Ebenfalls 1943 trat die FDJ als Organisation der am 25. September in London gegründeten »Freien Deutschen Bewegung« bei. Am Gründungskongress des Weltbundes der Demokratischen Jugend im Oktober 1945 nahm die FDJ mit einer achtköpfigen Delegation teil und erhielt im Weltbund einen Beobachterposten.	FDJ-UK	16
1944 wurde Henri Manhès in das KZ Buchenwald überstellt. Hier wurde Henri Manhès von Marcel Paul zum Präsidenten des Lagerkomitees für französische Interessen ernannt. Bald wurde er der Leiter der französischen Brigade in der **Internationalen Militär-Organisation** (IMO) des Lagers und übernahm nach der Flucht der meisten SS-Wachmannschaften am 11. April 1945 vor den anrückenden Amerikanern mit anderen Mitgliedern des Lagerwiderstandes die Kontrolle über das Lager, bevor die 3. US-Armee einige Stunden später eintraf.	IMO	16

VEREINIGUNG, BEWEGUNG, GRUPPE, KREIS	AKRONYM	ZAHL
Die **Kommunistische Partei Griechenlands** (gr.: »Kommounistikó Kómma Elládas«, kurz, »K.K.E.« oder »KKE«) ist eine 1918 entstandene griechische Partei. Sie vertritt einen marxistisch-leninistischen Standpunkt. 1918 als, »Sozialistische Arbeiterpartei Griechenlands« (Σοσιαλιστικό Εργατικό Κόμμα Ελλάδας »Sosialistikó Ergatikó Kómma Elládas«, kurz: »SEKE«) gegründet, nahm sie 1924 ihren noch bis heute gültigen Namen an.	KOPGRI	16
Die **Kommunistische Universität der Werktätigen des Ostens** (»KUTW«, ru.: **Коммунисти ческий университе т трудя ихся осто ка имени Сталина, КУТ**) in Moskau war eine Einrichtung, an der Kader nicht-russischer Abstammung in revolutionärer Theorie und Praxis ausgebildet wurden. Sie bestand von 1921 bis 1938. Die Universität wurde am 21. April 1921 durch die Regierung der Russischen Sozialistischen Föderativen Sowjetrepublik und der Komintern gegründet. Im Jahre 1923 erhielt sie als Namenszusatz den Ehrentitel »**имени . . Сталина**« (»benannt nach J. W. Stalin«). Sie diente ursprünglich der Schulung von Personen nicht-russischer Nationalität, die auf dem Gebiet der Sowjetunion lebten, um sie der Oktoberrevolution zu verpflichten. Schon nach wenigen Jahren wurde ihr Auftrag erweitert: Sie sollte diejenigen Kader ausbilden, die die Revolution in die Kolonien und die abhängigen Gebiete Asiens weitertragen sollten. So waren bereits im Jahr 1925 Studenten aus zehn verschiedenen Staaten und Gebieten an der Universität eingeschrieben, und 1927 waren es 74 Nationalitäten.n Die Universität hatte Außenstellen in Baku (Aserbaidschan), Irkutsk und Taschkent (Usbekistan). Der Lehrstoff bestand vor allem aus den Grundlagen des Marxismus-Leninismus, Methoden der Massenmobilisierung, Verwaltung und Recht sowie Ansätze zur proletarischen Revolution.	KOMUNO	16

VEREINIGUNG, BEWEGUNG, GRUPPE, KREIS	AKRONYM	ZAHL
Als in der Mitte der 1920er Jahre der Bürgerkrieg in China voll ausbrach und ein hoher Bedarf an chinesischen Revolutionären bestand, wurde eine weitere Hochschule speziell für Chinesen gegründet: die Sun-Yat-sen-Universität. Im Jahre 1928 wurden etwa 100 chinesische Studenten an die Sun-Yat-sen-Universität versetzt. Der erste Präsident der Einrichtung Karl Radek fiel in den 1930er Jahren einer politischen Säuberung zum Opfer. Im Zuge dessen wurde die Universitat geschlossen.		
Mit den, »Erlassen der Reichsregierung« vom 8.März 1940, den so genannten **Polen- Erlassen**, schuf die Nazi-Reichsregierung per Polizeiverordnung ein Sonderrecht für in das Deutsche Reich verschleppte polnische Zwangsarbeiter. Die rassistisch begründete Vorstellung von einer Minderwertigkeit der »Zivilarbeiter« genannten Zwangsarbeiter und Kriegsgefangenen aus Polen war ein herausstechendes Merkmal dieser Anordnungen. Die Polen-Erlasse waren erarbeitet worden von der »Geschäftsgruppe Arbeitseinsatz« der Vierjahresplanbehörde und dem Reichssicherheitshauptamt, das eine eigene Abteilung für »Polenfragen« eingerichtet hatte. Sie wurden herausgegeben vom »Reichsführer SS und Chef der Deutschen Polizei im Reichsministerium des Innern« Heinrich Himmler.	POLER	16
Die **Polska Partia Robotnicza** (, »PPR«; dt.: »Polnische Arbeiterpartei«) war eine polnische kommunistische Partei, die am 5. Januar 1942 im Untergrund in Warschau gegründet wurde und sich 1948 mit der Polnischen Sozialistischen Partei zur Polnischen Vereinigten Arbeiterpartei (PVAP) vereinigte. Sie kann als Nachfolgerin der 1938 auf Weisung der Kommunistischen Internationalen (Komintern) aufgelösten Kommunistischen Partei Polens (KPP) angesehen werden.	POPARU	16

VEREINIGUNG, BEWEGUNG, GRUPPE, KREIS	AKRONYM	ZAHL
Die **Organisation Propaganda Due** (, »P2«) war ursprünglich eine italienische Freimaurerloge, die in den 1970er Jahren zur Tarnung einer politischen Geheimorganisation zweckentfremdet wurde. Gegründet 1887 in Rom als freimaurerisches Gegenstück zur Kurienkongregation »Propaganda Fide« (auf Deutsch »Verbreitung des Glaubens«) unter dem Namen »Propaganda Massonica« (»Verbreitung der Freimaurerei«), wurde die Loge, wie die Freimaurerei überhaupt, während der Herrschaft des Faschismus verboten. 1944 wurde sie als zweite Loge des Grande Oriente d'Italia als »Propaganda Due« neu gegründet.	PRODUE	16
Die **Revolutionären Obleute** waren von den Gewerkschaften unabhängige, durch Arbeiter verschiedener deutscher Industriebetriebe frei gewählte Vertrauensleute (Obleute) während des Ersten Weltkriegs (1914–1918) und der frühen Nachkriegszeit. Sie bildeten sich aus den Gewerkschaften heraus, insbesondere aus den im Deutschen Metallarbeiter-Verband organisierten Betrieben der Berliner Rüstungsindustrie. Während die offiziellen Gewerkschaften jedoch auf die Burgfriedenspolitik eingeschwenkt waren und auf Streiks verzichteten, organisierten die Revolutionären Obleute wilde Streiks wie den Januarstreik 1918. Dabei setzten sie sich nicht nur für bessere Lebens- und Arbeitsbedingungen für die deutschen Arbeiter ein, sondern wandten sich auch gegen die Kriegspolitik des deutschen Kaiserreichs und deren Unterstützung durch die meisten Abgeordneten der Sozialdemokratischen Partei. Während der Novemberrevolution von 1918 vertraten sie zunehmend die Idee des Rätegedankens und gehörten nach dem Sturz des Kaisers und dem Ende des Krieges mehrheitlich zu den Befürwortern einer deutschen Räterepublik.	REVOBL	16

VEREINIGUNG, BEWEGUNG, GRUPPE, KREIS	AKRONYM	ZAHL
Streik in Luxemburg vom September 1942. Nach der Einführung des Reichsarbeitsdienstes und der völkerrechtswidrigen Wehrpflicht für die »Zwangsrekrutéierten« für die Jahrgänge 1920 bis 1927 kam es ab dem 31. August 1942 zu Streiks. Ausgangspunkt waren Arbeitsniederlegungen im Betrieb der IDEAL Lederwerke AG, Wilz, die sich auf das übrige Land ausbreiteten. Das Naziregime reagierte mit äußerster Brutalität. 20 Streikende wurden im Wald beim KZ Hinzert erschossen, der deutschstämmige Hans Adam am 11. September 1942 in Köln durch das Fallbeil enthauptet. 125 Verhaftete wurden der Gestapo überstellt und in Konzentrationslager gebracht. Viele weitere Zivilisten wurden verhaftet und von der Gestapo verhört. In Echternach und Esch-sur-Alzette wurden Lehrer verhaftet. Ein Lehrer befand sich unter den zum Tod verurteilten, sieben weitere wurden in Konzentrationslager deportiert. Insgesamt 290 Schülerinnen und Schüler, 40 Lehrlinge der Hüttenwerke und sieben junge Postangestellte wurden in Umerziehungslager der Hitlerjugend verschleppt, so auf die Burg Stahleck. Der Streik erlangte auch im Ausland große Beachtung.	STREIK	16

VEREINIGUNG, BEWEGUNG, GRUPPE, KREIS	AKRONYM	ZAHL
Der **Gewerkschaftliche Freiheitsbund gegen das Hakenkreuz** wurde auf Vorschlag von der Internationalen Transportarbeiter-Föderation (ITF) durch einen entsprechenden Aufruf von Walter Auerbach im Mai 1940 gegründet. Er wurde als organisatorisches Rückgrat für den geplanten Sender der europäischen Revolution benötigt, damit sich dieser als Vertretung aller deutschen Arbeitnehmer in Großbritannien und der ehemaligen deutschen Gewerkschafter betätigen konnte. Da die ITF schon in der Vergangenheit eng mit den in der Sozialistischen Arbeitsgemeinschaft vertretenen Gruppierungen ISK, der SAP und Neu Beginnen zusammengearbeitet hatte, aber Vorbehalte gegen die der Sopade nahestehende Londoner Vertretung der Freien Arbeiter-, Angestellten und Beamtengewerkschaften hatte, die sich als Vertretung der Auslandsvertretung Deutscher Gewerkschafter (ADG) ansah, wurde eine Aktionsgemeinschaft mit dem Namen »Gewerkschaftlicher Freiheitsbund gegen das Hakenkreuz« (GFgH) gegründet, um Unstimmigkeiten mit den anderen Gewerkschaftsgruppen zu vermeiden.	GEFRE	15
Die **Internationale Liga für Menschenrechte e. V.** (ILMR) mit Sitz in Berlin im Haus der Demokratie und Menschenrechte ist ein eingetragener gemeinnütziger Verein, der sich für Menschenrechte und Frieden einsetzt. Der Verein ist Mitglied der internationalen Dachorganisationen Association Européenne pour la défense des Droits de l'Homme (AEDH, Europäische Vereinigung für die Verteidigung der Menschenrechte) und Fédération internationale des ligues des droits de l'Homme (FIDH, Internationale Föderation der Menschenrechtsligen.	INLIM	15

VEREINIGUNG, BEWEGUNG, GRUPPE, KREIS	AKRONYM	ZAHL
Die **Kommunistische Internationale** (kurz, »Komintern«, auch, »KI«), auch, »Dritte Internationale« genannt, war ein internationaler Zusammenschluss kommunistischer Parteien zu einer weltweiten gemeinsamen Organisation. Die Gründung erfolgte 1919 in Moskau auf Initiative Lenins, der die Zweite Internationale mit Ausbruch des Ersten Weltkrieges 1914 für tot erklärt hatte. Während des Zweiten Weltkrieges löste Stalin 1943 die Kommunistische Internationale als Zugeständnis an seine westlichen Alliierten in der Anti-Hitler-Koalition – die USA und Großbritannien – überraschend auf. Ab Mitte der 1920er Jahre wurde die Komintern im Zuge der sogenannten »Bolschewisierung« der kommunistischen Parteien weitgehend von der Kommunistischen Partei Russlands (Bolschewiki)]], ab 1952 KPdSU genannt, dominiert und diente als Einflussinstrument auf kommunistische Parteien und Organisationen in anderen Ländern. Die bedeutendste Sektion außerhalb der Sowjetunion bildete dabei die Kommunistische Partei Deutschlands. Die Komintern gilt als eine der wichtigsten politischen Organisationen der ersten Hälfte des 20.Jahrhunderts. Ihr ursprüngliches Ziel war eine proletarische Weltrevolution, die – basierend auf einzelnen nationalen Revolutionen – alle Länder der Erde ergreifen sollte. Dieses Ziel verlagerte sich jedoch im Verlauf der 1920er Jahre nach dem Scheitern des Deutschen Oktober – war doch die Durchsetzung der Revolution in Deutschland anfangs als unabdingbare Voraussetzung für den internationalen Erfolg angesehen worden – zu einer Interessenpolitik im Sinne des »Stalinismus« mit seiner Doktrin vom Sozialismus in einem Land, der Sowjetunion. Das formal oberste Organ der Komintern war deren Weltkongress. Die eigentliche Machtzentrale bildeten jedoch das Sekretariat und das Präsidium des in Moskau eingerichteten Exekutivkomitees der Kommunistischen Internationale« (EKKI).	KOMINT	15

VEREINIGUNG, BEWEGUNG, GRUPPE, KREIS	AKRONYM	ZAHL
Ramiz Alia – als Beispiel für **albanische Partisanen** – wurde im Oktober 1925 in Shkodra in eine arme muslimische Familie geboren, die später nach Tirana umzog. 1939/1940 war er Mitglied einer faschistischen Jugendorganisation, wandte sich aber bald den Kommunisten zu, weshalb er auch kurz inhaftiert wurde. 1943 wurde er Mitglied der Kommunistischen Partei. Nach Tätigkeit als Partisan erfolgte 1944 sein Einsatz in der Nationalen Befreiungsarmee.	PA-AL	14
Die **Antifaschistische Freiheitsbewegung Österreichs** (AFÖ) war eine österreichische Widerstandsgruppe aus dem katholisch-konservativ-bürgerlichen Lager gegen das NS-Regime. Die Antifaschistische Freiheitsbewegung wurde 1941 in Kärnten durch den Priester Anton Granig und den Landtagsabgeordneten Karl Krumpl, beide aus Kärnten, sowie den Franziskanerkleriker Frater Benno OFM gegründet. Die Gruppe konstituierte sich Ende Februar 1942/Anfang März 1942 in der Wohnung von Anton Granig. Erster Aufruf war im Februar 1942: Zitat: »*Unsere Heimat ist in Not! Braune Verbrecher haben unsere Heimat verraten. Unsere Söhne bluten und fallen an den Fronten für ein braunes Verbrechertum. Die braunen Volksverräter sind daheim in warmen Ämtern und beuten das Volk aus. Kärntner, auf zur Tat! Hinaus mit den braunen Bonzen an die Front! Kärnten und unser Österreich müssen wieder frei werden vom preußischen Joch. Alle einig gegen die braunen Verbrecher! Es lebe Kärnten!*« Weitere Flugblattaktionen folgten; Sprengstoffanschläge gegen Eisenbahnbrücken und die Staatspolizei in Klagenfurt wurden in Erwägung gezogen.	AFFRÖ	14

VEREINIGUNG, BEWEGUNG, GRUPPE, KREIS	AKRONYM	ZAHL
Die **Ehrenfelder Gruppe** (auch, »Steinbrück-Gruppe«) war eine im Sommer und Herbst 1944 in Köln aktive Widerstandsgruppe gegen den Nazifaschismus, zu deren Mitgliedern und Mitwissern mehr als hundert Personen zählten. In ihr hatten sich um Hans Steinbrück, einen aus dem KZ-Außenlager Köln-Messe geflohenen Häftling, Edelweißpiraten aus dem Arbeiterstadtteil Ehrenfeld, Jugendliche, geflohene Häftlinge und Zwangsarbeiter, Juden und Deserteure zusammengeschlossen. Am 10. November 1944 wurden dreizehn Angehörige der Gruppe, unter ihnen Hans Steinbrück und fünf Jugendliche, ohne Gerichtsurteil von der Gestapo ermordet.	EHREN	14

VEREINIGUNG, BEWEGUNG, GRUPPE, KREIS	AKRONYM	ZAHL
Die Gruppe **Freies Hamburg**, auch »Ablassgruppe« genannt, gehörte zur Zeit des Naziregimes neben der Robinsohn-Strassmann-Gruppe zum linksliberalen Widerstand. Zunächst hieß die Hamburger Gruppe unter ihrem Begründer Friedrich Ablass »Gruppe Q«. Aus der Gruppe »Freies Hamburg« entstand am 5. Mai 1945 der »Bund Freies Hamburg«, aus dem später der Landesverband Hamburg der FDP hervorging. Nach der Machtübertragung an die »Nationalsozialisten« in Hamburg im Frühjahr 1933 und dem Parteienverbot gründete Friedrich Ablass mit ehemaligen Parteifreunden der Deutschen Staatspartei (DStP) einen regimekritischen Gesprächskreis. Dieser Gesprächskreis firmierte zur Tarnung zunächst als »Abteilung Q« (auch »Gruppe Q«), die seinerzeit als Wanderkreis der DStP gegründet worden war. Unter den zunächst bis zu 15 Angehörigen dieses Kreises befanden sich neben Ablass Alfred Johann Levy, Paul Heile, Harald Abatz, Max Dibbern, Walter Jacobsen, Richard Archilles, Martin Plat, Carl Stephan, Bruno Schmachtel und Eduard Sußmann. Getarnt als Herrenrunde traf sich dieser Kreis regelhaft im »Cafe Nobeling« in der Eppendorfer Landstraße. Die Treffen dienten dem Informationsaustausch, der Aufrechterhaltung liberalen Gedankenguts sowie der Beratung über Hilfeleistungen für verfolgte Freunde.	FREHA	14

VEREINIGUNG, BEWEGUNG, GRUPPE, KREIS	AKRONYM	ZAHL
Die »**Gruppe Internationale**« ging auf eine Initiative Rosa Luxemburgs zurück. Sie lud unmittelbar nach der Abstimmung zu den Kriegskrediten die mit ihr befreundeten Kriegsgegner in der SPD in ihre Berliner Wohnung ein. An diesem abendlichen Treffen am 4. August 1914 nahmen sechs Gäste teil, die mit der Gastgeberin die Keimzelle des späteren Spartakusbunds bildeten: Hermann Duncker, Hugo Eberlein, Julian Marchlewski, Franz Mehring, Ernst Meyer und Wilhelm Pieck. In der Folgewoche traten folgende weitere Personen der Gruppe bei: Martha Arendsee, Fritz Ausländer, Heinrich Brandler, Käte Duncker, Otto Gäbel, Otto Geithner, Leo Jogiches, Karl Liebknecht, August Thalheimer und Bertha Thalheimer. Die »Gruppe Internationale« sah die SPD-Zustimmung zu den Kriegskrediten als Verrat an den Zielen der gesamteuropäischen Sozialdemokratie, besonders an der internationalen Solidarität der Arbeiterbewegung gegen den Krieg. Sie hielt an diesen Vorkriegszielen fest und lehnte den Krieg als gegen die Interessen der Völker und des Proletariats gerichteten imperialistischen Völkermord der herrschenden Bourgeoisie ab. Zur Gruppe Internationale gehörten keine solchen Angehörigen der SPD- Reichstagsfraktion, die den Kriegskrediten zugestimmt hatten, obwohl sie den Krieg ablehnten, oder sich erst danach zu Kriegsgegnern wandelten.	GRUINT	14

VEREINIGUNG, BEWEGUNG, GRUPPE, KREIS	AKRONYM	ZAHL
Der **Freundeskreis um Heinrich Roos** war eine Gesinnungsgemeinschaft in Wiesbaden, die sich gegen das nationalsozialistische Regime richtete. Der Freundeskreis um Heinrich Roos, benannt nach ihrem Gründungsmitglied, bestand aus etwas mehr als 30 Mitgliedern, deren einzige Gemeinsamkeit die Ablehnung der nationalsozialistischen Herrschaft waren. Politisch reichte das Spektrum der Mitglieder von Zentrum bis zur SPD. Überwiegend setzte es sich allerdings aus Anhängern der DDP beziehungsweise der DStP zusammen. Roos selbst war ein ehemaliges DDP-Mitglied und arbeitete beim Steueramt Wiesbaden. Er wurde 1933 von den Nationalsozialisten entlassen, klagte allerdings erfolgreich dagegen und wurde 1934 wieder eingestellt. Von da ab leitete er einen Freundeskreis, den er selbst als »Kette« verstand.	HEROOF	14
Die **Konsumgenossenschaft** ist eine besondere Form der Genossenschaft im Einzelhandel, die in erster Linie Nahrungs- und Genussmittel sowie verwandte Waren des täglichen Bedarfs beschafft und verkauft. In der Vergangenheit wurde sie auch als »Verbrauchergenossenschaft« oder als »Konsumverein« bezeichnet. Sie wurde ursprünglich auf Initiative von Verbrauchern, Gewerkvereinen oder von Sozialreformern aus bürgerlichen Kreisen gegründet mit dem Ziel, die Lebenshaltung durch günstigere Warenversorgung zu verbessern. Teilweise haben Konsumgenossenschaften ihre Tätigkeit auch auf die Produktion ausgedehnt oder die sogenannte »Eigenproduktion« Zentral-Gesellschaften übertragen. Besondere Bedeutung erlangten die Konsumgenossenschaften in ihrem Mutterland Großbritannien, in Skandinavien (vor allem Schweden), in Japan, der Schweiz und in Deutschland.	KONGEN	14

VEREINIGUNG, BEWEGUNG, GRUPPE, KREIS	AKRONYM	ZAHL
Die **Internationale Arbeiterhilfe** (, »IAH«) war eine KPD-nahe Organisation, die in den 1920er und frühen 1930er Jahren Sozialleistungen für Arbeiter bereitstellte und verschiedene proletarische Filmproduktionsgesellschaften unterhielt bzw. ins Leben rief. Ihre Zentrale hatte die IAH in Berlin. Die IAH wurde in Berlin am 12. August 1921 als Reaktion auf einen Aufruf von Lenin, der anlässlich einer Dürre- und Hungerkatastrophe im Wolgagebiet (Hungersnot in Sowjetrussland 1921–1922) um internationale Unterstützung warb, als »Auslandskomitee zur Organisierung der Arbeiterhilfe für die Hungernden in Rußland« zunächst provisorisch gegründet. Die erste Aktion brachte eine Abfuhr: Die »International Federation of Trade Unions« (IFTU, bzw. Amsterdamer Internationale) zog es vor, gesammelte Gelder dem Roten Kreuz zu übergeben. Der Gewerkschaftsfunktionär Edo Fimmen fragte, was die Kommunisten nun von der IFTU wollten, hätten sie doch ihre internationalen, proletarischen Hilfsaktionen in Österreich und Ungarn sabotiert und die IFTU als Verräter der Arbeiterklasse beschimpft. Vorsitzender der nun nicht mehr provisorischen IAH wurde Willi Münzenberg. Er hatte sich innerhalb der Linken bisher als engagierter Jugendfunktionär empfohlen. Ehrenpräsidentin der Organisation war bis zu ihrem Tode 1933 die Politikerin und Frauenrechtlerin Clara Zetkin. Vertreter der IAH bei der Komintern und Geschäftsführer des Moskauer Büros war im ersten Jahr der Schriftsteller Franz Jung. 1926 setzte das Zentralkomitee der IAH sich aus folgenden Mitgliedern zusammen: Clara Zetkin, Francesco Misiano (1884–1936), Olga Dawidowna Kamenewa, Willi Münzenberg, Georg Ledebour, Karl Grünberg, Alfons Paquet, John William (Willy) Kruyt (1877–1943), O. Levassart, Albert Fournier (1882–1971), Koumengau (Peking), Harry Pickard (Sydney), Ladislaus Veran (Prag), Raissa Adler.	INAHI	13

VEREINIGUNG, BEWEGUNG, GRUPPE, KREIS	AKRONYM	ZAHL
Internationale Kommunisten Deutschlands (IKD) war der Name einer kurzlebigen Organisation, die zusammen mit dem Spartakusbund Rosa Luxemburgs und Karl Liebknechts am 31. Dezember 1918 die Kommunistische Partei Deutschlands gründeten. Der Name IKD wurde von der Gruppe der so genannten »Bremer Linksradikalen« und anderen unabhängigen revolutionären Gruppen in Hamburg, Berlin, Dresden und einigen anderen Orten angenommen.	INKOD	13
Als **Kindertransport** (auch »Refugee Children's Movement«) wird international die Ausreise von über 10.000 jüdischen Kindern nach Erlass der Nürnberger Gesetze aus dem Deutschen Reich und aus von diesem bedrohten Ländern zwischen Ende November 1938 und dem 1.September 1939 nach Großbritannien, Belgien, Schweden u. a. bezeichnet. In Zügen und mit Schiffen konnten Kinder aus Deutschland, Österreich, Polen, der Freien Stadt Danzig und der Tschechoslowakei ins Exil ausreisen; die meisten sahen ihre Eltern nie wieder. Oftmals waren sie die einzigen aus ihren Familien, die den Holocaust überlebten.	KINTRA	13
Die Widerstandsgruppe **Neues freies Österreich** bildete sich Anfang des Jahres 1944 in der Stadt Freistadt im oberösterreichischen Mühlviertel. Im Herbst 1944 wurde die Gruppe verraten und in den letzten Kriegstagen 1945 wurden acht ihrer Mitglieder hingerichtet. Darüber hinaus kam es 1945 zu weiteren nationalsozialistischen Gräueltaten in der Stadt, wie zu Sozialistenmorden und zu standrechtlichen Erschießungen von Wehrmachtsangehörigen.	NEUFÖS	13

VEREINIGUNG, BEWEGUNG, GRUPPE, KREIS	AKRONYM	ZAHL
Die **Osvobodilna Fronta Slovenskega naroda** »OFSN« (sl. für Befreiungsfront der slowenischen Nation; kurz »Osvobodilna Fronta OF«) war eine slowenische politische Organisation, die nach dem Balkanfeldzug im Zweiten Weltkrieg von 1941 bis 1945 den Widerstand gegen den Faschismus im slowenischen Teil des durch die Achsenmächte besetzten Königreichs Jugoslawien organisierte.	OSFRO	13
Royal Air Force (offizielle Abkürzung, »RAF«, inoffiziell auch, »R.A.F.«) ist die Bezeichnung für die Luft- und Weltraumstreitkräfte des Vereinigten Königreichs Großbritannien und Nordirland, seiner Überseegebiete und Kronbesitzungen. Die »Royal Air Force« war die erste als selbständige Teilstreitkraft organisierte Luftwaffe der Welt.	RAFUKU	13
Die **Aktion Rheinland** war eine Aktion der Düsseldorfer Widerstandsgruppe gegen den Nazismus um Karl August Wiedenhofen. Ihr Ziel war es, die Stadt Düsseldorf am 17. April 1945 kampflos an amerikanische Truppen zu übergeben und so vor weiterer Zerstörung zu bewahren.	AKRHEI	12
Der **Allgemeine jüdische Arbeiterbund in Litauen, Polen und Russland** (jid.: ‏ארבעטער־בונד אין ליטע, פּױלן און רוסלאַנד‎ ‏אַלגעמיינער ייִדישער‎, »algemeyner yidisher arbeterbund in lite, poyln un rusland«, ru.: свеоб ий еврейский рабочий союз в Литве, Польше и России), allgemein genannt »Der Bund« (‏ב‎, »Бунд«), war eine jüdische Arbeiterpartei, die in den Jahren von 1897 bis 1935 in mehreren osteuropäischen Ländern aktiv war. Sie ist die Keimzelle der Bundistischen Bewegung und lebt heute in mehreren Nachfolgeorganisationen (z. B. dem International Jewish Labor Bund) weiter.	AJÜAB	12

VEREINIGUNG, BEWEGUNG, GRUPPE, KREIS	AKRONYM	ZAHL
Confédération générale du travail unitaire (CGTU). Noch zu Beginn des Ersten Weltkriegs war die revolutionär-syndikalistische CGT der einzige französische Gewerkschaftsbund. Der zunehmend tiefe Gegensatz zwischen Reformisten und Revolutionären sowie die Gründung der Roten Gewerkschafts-Internationale führten 1921 zur Spaltung der Organisation. Die moderaten Kräfte verblieben in der CGT; radikale Kräfte gründeten einen neuen Gewerkschaftsbund namens »Confédération Générale du Travail Unitaire« (CGTU). Gewalttätige Unruhen am 6. Februar 1934 und damit eingehend Ängste vor einem faschistischen Staatsstreich führten ab Oktober 1934 zu Gesprächen über eine Wiederannäherung zwischen CGT und CGTU und schließlich zur Wiedervereinigung im März 1936. Wenig später, am 3. Mai 1936, gewann die geeinte Linke die Parlamentswahlen, und Léon Blum wurde im Zeichen der Volksfront erster jüdischer und sozialistischer Premierminister Frankreichs.	COGETU	12
Die **Großösterreichische Freiheitsbewegung** (GÖFB) war eine österreichische Widerstandsgruppe während der Zeit des Naziregimes, die dem katholisch-konservativen Widerstand zugerechnet wird. Die Großösterreichischen Freiheitsbewegung wurde von Jacob Kastelic kurz nach dem »Anschluss«, dem Einmarsch der deutschen Truppen in Österreich 1938, ins Leben gerufen. Der ehemalige hochrangige Funktionär des Ständestaates Kastelic suchte Kontakt zu Gleichgesinnten, aber auch zu ehemaligen politischen Gegnern. Beim Aufbau der Bewegung wurde er maßgeblich vom sozialdemokratischen Journalisten Johann Schwendenwein und dem konservativen Schriftsteller Karl Rössel-Majdan unterstützt. Als Leitung fungierte ein Exekutivkomitee mit Kastelic als Vorsitzendem.	GRÖFB	12

VEREINIGUNG, BEWEGUNG, GRUPPE, KREIS	AKRONYM	ZAHL
Die Widerstandsgruppe **Kirchl-Trauttmansdorff** war eine aus Polizeibediensteten, Arbeitern, Bauern und Gutsbesitzern bestehende Widerstandsgruppe gegen den Nazismus in St. Pölten. Um Personen- und Gebäudeschäden bei der Einnahme der Stadt zu vermeiden, versuchte die 1945 gegründete Gruppe das St. Pöltner Stadtgebiet kampflos an die anrückende Rote Armee zu übergeben. Die Gruppe wurde im April 1945 verraten, 13 führende Mitglieder verhaftet, standrechtlich zum Tode verurteilt und am gleichen Tag erschossen.	KITRA	12
Österreichische Freiheitsbewegung ist der Name von zwei katholisch-konservativen Widerstandsgruppen gegen den Nazifaschismus in Österreich, die 1940 eine Vereinigung anstrebten.	ÖFBEW	12
Bei der **Robinsohn-Strassmann-Gruppe** handelte es sich neben der Gruppe Freies Hamburg um Friedrich Ablass um die einzige für längere Zeit (1934–1941) existierende Gruppe des Widerstandes gegen den Faschismus, welche sich auf linksliberale Positionen berief. Sie hatte ihre Zentren in Hamburg und Berlin und bestand aus bis zu 60 Mitgliedern. Führende Mitglieder waren der Kaufmann Hans Robinsohn, der Berliner Richter Ernst Strassmann und der Journalist Oskar Stark, die meisten stammten vom linken Flügel der Deutschen Demokratischen Partei und deren Jugendverband der Jungdemokraten, einige auch aus der SAJ.	ROBST	12

VEREINIGUNG, BEWEGUNG, GRUPPE, KREIS	AKRONYM	ZAHL
Die **Empacher-Krause-Gruppe** war eine Stettiner Widerstandsgruppe gegen den Nazifaschismus. Sie wurde von Walter Empacher und Werner Krause geleitet. Walter Empacher und Werner Krause gründeten diese Widerstandsgruppe 1937 in Stettin. Sie war in Pommern eine der größten illegalen Widerstandsgruppen, der zeitweise bis zu 300 Personen angehörten. Darunter waren neben Kommunisten und Sozialdemokraten auch Parteilose. Sie hatte in der Zeit des Zweiten Weltkriegs auch Kontakte zu kirchlich- katholischen und ausländischen Widerstandsgruppen, mit denen sie eng zusammenarbeiteten.	EMKRA	11
Die **Forces françaises libres** (dt. »Freie Französische Streitkräfte »oder sinngemäßer:« Streitkräfte für ein freies Frankreich«, kurz, »FFL« oder, »France libre«) waren französische Truppen, die im Zweiten Weltkrieg nach der Niederlage Frankreichs im Juni 1940 auf der Seite der Alliierten weiter gegen das faschistische Deutschland, dessen Verbündete und das Vichy-Regime kämpften. Sie wurden am 1. Juli 1940 von Charles de Gaulle im Exil in Großbritannien ins Leben gerufen und eroberten schrittweise die französischen Kolonien in Afrika und im Nahen Osten zurück.	FOFLI	11

VEREINIGUNG, BEWEGUNG, GRUPPE, KREIS	AKRONYM	ZAHL
Die **Jugoslawische Volksbefreiungsarmee und jugoslawischen Partisanen** (offizielle Bezeichnungen: srb.: Народнооослободилачка војска и партизански одреди Југославије, Narodnooslobodilačka vojska i partizanski odredi Jugoslavije (NOV i POJ), Narodnoosvobodilna vojska in partizanski odredi Jugoslavije (NOV in POJ) wurde 1941 gegründet. Sie war der militärischen Teil der Volksbefreiungsbewegung (serbokroatisch Народнооослободилачки покрет, »Narodnooslobodilački pokret«; kurz NOP), die von der Kommunistischen Partei Jugoslawiens (KPJ) unter Josip Broz Tito angeführt wurde. Ihre Angehörigen wurden daher auch als, »Tito-Partisanen« bezeichnet.	JUPA	11
Die **Katholische Arbeiter-Bewegung** (KAB) ist ein Sozialverband in Deutschland, Österreich und der Schweiz, der seine Wurzeln in der christlichen Arbeiterbewegung des 19.Jahrhunderts hat. Sie entstand in Deutschland aus dem Zusammenschluss von Arbeitervereinen durch Unterstützung des Mainzer Bischofs Wilhelm Emmanuel von Ketteler. Die KAB ist Teil der Weltbewegung Christlicher Arbeiter (WBCA) und steht in der Tradition der katholischen Arbeitervereine des 19. Jahrhunderts. Nach eigenen Angaben verfügt sie über 75.000 oder (an anderer Stelle) über 80.000 Mitglieder (KAB)	KATAR	11
Milorg (ein Akronym von, »mil«itær, »org«anisasjon, Norwegisch für »Militärorganisation«) war die größte norwegische Widerstandsgruppe im Zweiten Weltkrieg]]. Die Widerstandsaktivitäten beinhalteten geheime Treffen, Sabotage, Nachschubaktionen, Überfälle, Spionage, den Transport importierter Güter, Freilassung norwegischer Gefangener sowie die Eskortierung von Bürgern, die über die Grenze ins neutrale Schweden fliehen wollten.	MILORG	11

VEREINIGUNG, BEWEGUNG, GRUPPE, KREIS	AKRONYM	ZAHL
Der **Ordedienst** (OD) war eine Widerstandsbewegung in den von Deutschland besetzten Niederlanden während des Zweiten Weltkrieges]. (OD), Widerstandsbewegung in den von Deutschland besetzten NL. Der OD bestand hauptsächlich aus ehemaligen Offizieren und Angestellten im öffentlichen Dienst, die durch Nationalsozialisten oder niederländische Kollaborateure in ihren Ämtern ersetzt worden waren. Gewaltsame Aktionen wurden vermieden, da man optimistisch von einer Niederlage Deutschlands innerhalb eines Jahres ausging. Der OD betrieb Spionage und bereitete sich auf die Übernahme der Verwaltung und die Aufrechterhaltung der Ordnung im Falle der Befreiung vor. Der Spionagearm war der GDN (»Geheime Dienst Nederland«).	ORDED	11
Partido Obrero de Unificación Marxista (, »POUM«, dt.»Arbeiterpartei der Marxistischen Einheit«) war eine revolutionäre marxistische Partei in der Zweiten Republik Spaniens. Während des Spanischen Bürgerkrieges zwischen 1936 und 1939 arbeitete die POUM mit der anarchosyndikalistischen Gewerkschaft Confederación Nacional del Trabajo (CNT), später vor allem mit der radikalen Gruppe »Amigos de Durruti«, zusammen. In zahlenmäßiger Hinsicht war die POUM weitaus schwächer als das anarchistische Lager. Neben dem Kampf gegen die putschenden Militärs um Francisco Franco stand für dieses Bündnis die Soziale Revolution im Vordergrund, womit sie innerhalb des republikanischen Lagers die Gegnerschaft vieler Gruppierungen, vor allem der Kommunisten, auf sich zog.	POUM	11

VEREINIGUNG, BEWEGUNG, GRUPPE, KREIS	AKRONYM	ZAHL
Die **Roten Falken** sind ein Jugendverband in deutschsprachigen Ländern. Entstanden in der Zwischenkriegszeit, sollen sie dem Nachwuchs sozialistisch geprägter Familien eine sinnvolle Freizeitbeschäftigung ermöglichen. Das Ziel der Kinder- und Jugendgruppen ist die sinnvolle und attraktive Freizeitgestaltung durch Gruppenstunden, Ausflüge und Zeltlager. Die Roten Falken wurden 1925 von Anton Tesarek gegründet. Sie wurden aus dem Gedanken heraus gegründet, dass die 12- bis 15-Jährigen in den Kinderfreundegruppen mit den Jüngeren nicht gut zusammen passten. Ein Grundgedanke war und ist es auch nach wie vor, dass Jugendliche selbst die Verantwortung für die Rote Falken Gruppe übernehmen. Die Roten Falken wollten den Arbeiterkindern eine Abwechslung zum Stadtalltag bieten. Die jungen Proletarierkinder sollten an die frische Luft kommen, und einen Sinn fürs Leben bekommen. 1926 fand das erste Bundestreffen in Steyr statt, an dem knapp 600 Falken teilnahmen.	ROFALK	11
Untergrund-Universität (PL). Die Universität der westlichen Gebiete (poln. »Uniwersytet Ziem Zachodnich«, UZZ) rekrutierte sich vor allem aus Professoren der Adam-Mickiewicz- Universität Posen, die von den Nationalsozialisten ihres Amtes enthoben worden waren. Es gab 17 Abteilungen, darunter eine Medizinische und Chirurgische Fakultät. Die Universität war hauptsächlich in Warschau aktiv, unterhielt aber Zweigstellen in Kielce, Jędrzejów, Częstochowa und Milanówek. Gegründet wurde sie im Oktober 1940 auf Initiative des Bildungsdepartements des Polnischen Untergrundstaates. Die Universität nahm ihr Ende mit dem Warschauer Aufstand von 1944.	UNTUNI	11

VEREINIGUNG, BEWEGUNG, GRUPPE, KREIS	AKRONYM	ZAHL
Willy-Fred ist ein in der Literatur entstandener Name für eine antifaschistische österreichische Partisanengruppe, die 1942 bis 1945 im Salzkammergut bestand. Auch der Name »Salzkammergut-Partisanen« ist in der Literatur geläufig. Im Oktober oder November 1942 gelang dem aus Strobl stammenden Widerstandskämpfer Karl Gitzoller, der im Oktober verhaftet worden war, in Wels die Flucht. Mit dem Fahrrad gelangte er nach Bad Ischl und nahm dort Kontakt zu Resi Pesendorfer auf. Mit ihrer Unterstützung versteckte sich Gitzoller zunächst in einer leer stehenden Villa und in Almhütten und ernährte sich durch Wilderei. Oktober 1943 gelang es Gitzoller, Pesendorfer und Agnes Primocic, den Kommunisten Sepp Plieseis aus dem KZ-Außenlager Vigaun zu befreien. Gitzoller und Plieseis versteckten sich zunächst am Attersee.	WILLY	11
Young Austria war von 1939 bis 1947 die bedeutendste Emigrantenorganisation junger Österreicher in Großbritannien, als Österreich in der Zeit des Nationalsozialismus Teil des »Dritten Reichs« war. Mit dem »Anschluss« Österreichs am 12. März 1938 begann in der Nacht zum 13. März der Terror mit tausenden Verhaftungen von Kommunisten, Sozialisten, Juden und weiterer Menschen, die der Diktatur im Weg zu stehen drohten. Vor Repression, Inhaftierung, Folter und Mord flüchteten Tausende vor den Faschisten. In diesen Tagen, und den darauf folgenden eineinhalb Jahren flüchteten alleine nach Großbritannien – auf direktem Weg und auf Umwegen, oftmals über Prag – mehr als 27.000 Österreicher.	YOUNA	11

VEREINIGUNG, BEWEGUNG, GRUPPE, KREIS	AKRONYM	ZAHL
Die **Zehn von Renesse** waren niederländische Widerstandskämpfer gegen den Nazifaschismus auf der Insel Schouwen-Duiveland in Zeeland während des Zweiten Weltkrieges, die am 10.Dezember 1944 in der Stadt Renesse von der deutschen Wehrmacht gehängt wurden. Die Mitglieder der Gruppe, alle gläubige Anhänger der reformierten Kirche, waren Menke Koos van der Beek, Iman Marinus van der Bijl, Willem Maarten Boot, Joost Pieter Jonker, Leendert Marie Jonker, Marcus Pieter Machiel van der Klooster, Johannis Oudkerk, Cornelis Lazonder, Jan Andreas Verhoeff und Adriaan Martijn Padmos.	ZEREN	11
Der **Antifaschistische Rat der Nationalen Befreiung Jugoslawiens** (srb.: Антифашистичко веће народног ослобођења Југославије, Antifašističko v(ij)eće narodnog oslobođenja Jugoslavije, Antifašistični svet narodne osvoboditve Jugoslavije, **Антифашистичко собрание за народно ослободување на Југославија**), bekannt unter der Abkürzung, »AVNOJ«, war das legislative und exekutive Führungsgremium der in Jugoslawien während des Zweiten Weltkrieges am Befreiungskampf gegen die italienischen und deutschen Besatzer beteiligten Gruppen und Organisationen. Die staatliche Legitimität des Rates und damit die Gültigkeit seiner Erlasse waren international nicht allgemein anerkannt.	AVNOJ	10

VEREINIGUNG, BEWEGUNG, GRUPPE, KREIS	AKRONYM	ZAHL
Freie Deutsche Bewegung, auch **Bewegung Freies Deutschland**, war die Bezeichnung einiger deutscher Exil-Gruppierungen in verschiedenen Ländern in der Zeit des Faschismus. Ziel war ein freiheitliches Deutschland und somit Widerstand und die Bekämpfung der nationalsozialistischen Herrschaft in Deutschland. In den meisten Ländern des europäischen Festlandes und in Mexiko waren Kommunisten mehrheitlich an der ideologischen Ausrichtung der Organisationen beteiligt. In anderen Ländern gab es unterschiedliche Zusammensetzungen von Sozialisten und oder auch konservativ orientierten Kreisen. Viele Bewegungen wurden in den Jahren nach 1945 wieder aufgelöst, da die Regierungen den Einfluss des kommunistischen Gedankenguts dieser Bewegungen und der Hauptbewegung des sowjetgestütztenm Nationalkomitees Freies Deutschland (NKFD) fürchteten. Als geistige Grundlage der Bewegungen gilt die Exil-Zeitschrift »Freies Deutschland. Alemania libre«, die von 1941 bis 1946 in Mexiko-Stadt herausgegeben wurde.	BFD-UK	10

VEREINIGUNG, BEWEGUNG, GRUPPE, KREIS	AKRONYM	ZAHL
ND – Christsein. heute wurde als »**Bund Neudeutschland**« nach dem Ersten Weltkrieg als Verband der katholischen Jugendbewegung gegründet. Bis April 2016 führte er auch den Namen »Gemeinschaft Katholischer Männer und Frauen« (ND-KMF). Der ND gab sich 1923 auf Schloss Hirschberg im Altmühltal das »Hirschberg-Programm«. Heute führt der ND die Bezeichnung »ND Christsein. heute«. Der Bund wurde auf Anregung des Kölner Erzbischofs, Kardinal Felix von Hartmann, am 31.Juli 1919 durch Jesuiten als »Verband katholischer Schüler höherer Lehranstalten« gegründet. Von Hartmann fand »eine intensive Seelsorge für die Schüler höherer Lehranstalten dringend erforderlich, wenn es gelingen soll, die Gebildeten der Kirche zu erhalten«. Im Namen »Neudeutschland« sollte zum Ausdruck kommen, dass man an einem neuen, besseren, christlichen Deutschland, das sich stark am mittelalterlichen Ordensrittertum orientierte, mitwirken wolle. In den Themen der Bündischen Jugend »Natürlichkeit, Einfachheit, Wahrhaftigkeit, Selbstverantwortung, Gemeinschaft« wurde ein Weg zu diesem Ziel gesehen. Nach einem halben Jahr hatte der Verband bereits 10.000 Mitglieder. Neben Kardinal Hartmann stand vor allem der Jesuitenpater Ludwig Esch SJ als treibende Kraft und jahrzehntelang zentrale Figur des Bundes hinter diesem Programm.	BUNEUD	10
Die **Föderation Kommunistischer Anarchisten Deutschlands** (FKAD) war eine anarchistische Organisation, die während der Zeit der Weimarer Republik und in den Anfangsjahren des Nazifaschismus existierte. Die FKAD, mit 500 Mitgliedern entstand 1919 als Nachfolgeorganisation der 1914 zerfallenen Anarchistischen Föderation Deutschlands (AFD).	FÖKAD	10

VEREINIGUNG, BEWEGUNG, GRUPPE, KREIS	AKRONYM	ZAHL
Als **Linke Opposition der KPD (Bolschewiki-Leninisten)**, Sektion der Internationalen Linken Opposition (LO), organisierten sich die deutschen Parteigänger von Leo Trotzki in der Kommunistischen Partei Deutschlands] von Ende der 1920er Jahre bis Oktober/November 1933, als sie im Rahmen ihrer politischen Neuorientierung den Namen Internationale Kommunisten Deutschlands annahmen. Die Organisation konstituierte sich formell im März 1930 durch die Vereinigung einer Minderheitsströmung des Leninbundes um Anton Grylewicz mit einer Restgruppe der »Weddinger Opposition« um Kurt Landau.	LINOBO	10
Ein **Muslim** (arS|م س مل|w=muslim), früher meist (seit etwa 1990 seltener) »Moslem« Muslim ist (eigentlich ein ‚Anhänger der Lehren [[Mohammed]]s‘), ist ein Angehöriger des Islams oder Kind muslimischer Eltern.	MUSLIM	10
Der **Partito Socialista Italiano** (deutsch »Italienische Sozialistische Partei«) war eine italienische Partei, die sich der sozialistischen Arbeiterbewegung zurechnete. Sie wurde 1892 als sozialdemokratische Partei in Genua gegründet. Bis 1893 hieß sie »Partito dei Lavoratori Italiani« (»Partei der italienischen Arbeiter«).	PASOIT	10
Der **Septemberaufstand** (bg.: Септемврийско въстание) war eine von der Bulgarischen Kommunistischen Partei initiierte Erhebung, die in der Nacht auf den 23. September 1923 beginnen sollte. Ein verfrühtes Losschlagen der Aufständischen sowie zahlreiche sonstige Fehler und Pannen auf ihrer Seite begünstigten die rasche Niederschlagung des Septemberaufstands durch die bulgarische Armee.	SEPTAB	10

VEREINIGUNG, BEWEGUNG, GRUPPE, KREIS	AKRONYM	ZAHL
Unter der Bezeichnung **Sieben Spaziergänger** (Namensvariationen: »Die getreuen Sieben«, »Die aufrechten Sieben« und »Die Sieben«) schloss sich ab 1933 in Dresden ein lockerer Bund von zeitweilig auch mehr als sieben Künstlern zusammen, in einer Zeit, in der antifaschistischen Künstlern sämtliche Aktivitäten als Gruppe verwehrt waren. Die Beteiligten wählten eine unverfängliche Form, um sich bei gemeinsamen Spaziergängen gegenseitig auszutauschen, Ideen zu entwickeln und Skizzen in der Natur anzufertigen.	SIESPAZ	10
Die **Sturmabteilung** (»SA«) war die paramilitärische Kampforganisation der NSDAP während der Weimarer Republik und spielte als »Ordnertruppe« eine entscheidende Rolle beim Aufstieg der Nazifaschisten, indem sie deren Versammlungen vor Gruppen politischer Gegner mit Gewalt abschirmte oder gegnerische Veranstaltungen behinderte. Aufgrund ihrer Uniformierung mit braunen Hemden ab 1924 wurde die Truppe auch »Braunhemden« genannt. Im Vorfeld der Machtergreifung 1933 widmete sich die Organisation, neben der Propaganda, intensiv dem Straßenkampf und Überfällen auf Sozialdemokraten, Kommunisten und Juden. Dabei wurden Konflikte mit der Staatsmacht sorgfältig vermieden.	SA-NS	10
Unternehmen Sieben, auch, »Operation U-7«, war die Tarnbezeichnung einer Rettungsaktion für vom Holocaust Bedrohte aus dem Amt Ausland/Abwehr im Oberkommando der Wehrmacht. Die Aktion wurde einer breiteren Öffentlichkeit erst durch die Aufarbeitung von Winfried Meyer 1993 bekannt. Im Herbst 1941 begann landesweit die	UNTER 7	10

VEREINIGUNG, BEWEGUNG, GRUPPE, KREIS	AKRONYM	ZAHL
Deportation von Juden aus Deutschland. Der Jurist Hans von Dohnanyi und der Offizier Hans Oster, einer der aktivsten Widerstandskämpfer, organisierten daraufhin die Aktion mit dem Decknamen »Unternehmen Sieben«. Sie erhielten Rückendeckung vom Leiter des Amtes, Admiral Wilhelm Canaris. Als Agenten der Abwehr getarnt sollten zunächst sieben Juden aus Berlin in die Schweiz ausreisen. Von Dohnanyi schlug vor, dass die Ausgeschleusten ihr Vermögen dem Amt überschreiben müssen, da es ohnehin an das Amt gefallen wäre und den entsprechenden Betrag in der Schweiz als Devisen wieder bekämen. Canaris ordnete dies daraufhin an. Bei einem geheimen Besuch in der Schweiz traf Dohnanyi die Vorkehrungen für die Aufnahme der Flüchtlinge.		
Die **Württembergische Pfarrhauskette** war eine Untergrundorganisation während der letzten Jahre des Naziregimes in Württemberg. Mitglieder der Württembergischen Pfarrhauskette waren Pfarrer und deren Angehörige, die in ihren Kirchen oder Privathäusern Juden und andere Verfolgte aufnahmen und deren Identität verschleierten oder die Menschen auch verbargen, um sie vor dem Zugriff der Nazis zu schützen. Organisiert wurde die Pfarrhauskette von Theodor Dipper.	WÜRPF	10

Widerstandsverhalten Einzelner außerhalb einer Gruppenbindung

Verhalten	Akronym	Zahl
Defätistische Äußerungen in Wort und Schrift: Zustand der Mutlosigkeit oder Schwarzseherei. Ursprünglich bezeichnete er die Überzeugung, dass keine Aussicht (mehr) auf den Sieg besteht, und eine daraus resultierende starke Neigung zum Aufgeben. Der Ausdruck entstand während des Ersten Weltkrieges in Frankreich und bezeichnete den Vorwurf des systematischen Nährens von Mutlosigkeit, Resignation und Zweifel am militärischen Sieg in den eigenen Reihen. Als Mittel der gegnerischen psychologischen Kriegsführung verdächtigt, wurde solches Verhalten von Militärtribunalen sanktioniert. Der Begriff bedeutet Mutlosigkeit, Schwarzseherei, Resignation und kommt ursprünglich aus einem militärischen Zusammenhang, wo er sich auf Zweifel am militärischen Sieg bezieht. Das französische Wort défaitisme bezeichnet die Überzeugung, militärisch geschlagen zu werden. Es geht zurück auf défaite Niederlage (aus dem lateinischen de ›weg‹ + facere ›tun‹).	DEFÄT	3.783
Fahnenflucht, Desertion oder Desertion bezeichnet das Fernbleiben eines Soldaten von militärischen Verpflichtungen in Kriegs- oder Friedenszeiten – benannt nach der Flucht von der Regimentsfahne, unter der sich alle Soldaten zum Gefecht zu versammeln hatten. Der fahnenflüchtige Soldat wird allgemein als Deserteur, abgeleitet von deserere=verlassen bezeichnet und ihm im Falle der Flucht vor einem bevorstehenden Kampfeinsatz oft das straferschwerende Attribut Feigheit vor dem Feind angelastet.	DESERT	519
Flucht vor Zwangs-und Todessituationen war eine Form des Widerstands, manchmal eine letzte Möglichkeit, der Einbindung an das faschistische System zu entgehen. Es war ein Ausdruck für die Ablehnung des aufgezwungenen Systems mit seinem Anspruch auf Gehorsam und Nachfolge.	FLUCHT	343

Verhalten	Akronym	Zahl
Menschenretter waren Personen des Widerstands oder Personen, die in außergewöhnliche Zwangssituationen geraten waren, indem sie Bedrohte und Verfolgte versteckten oder ihnen einen Fluchtweg eröffneten oder sie auf andere Weise in Sicherheit brachten. Zu diesen Menschenrettern gehörten auch die von Yad Vashem geehrten Retter jüdischen Lebens als »Gerechte unter den Völkern.«	MENRET	257
Freitod (früher als »Selbstmord« moralisch kriminalisierend bezeichnet) war oft die letzte selbstbestimmte Entscheidung des Einzelnen, einer unakzeptablen Situation zu entgehen oder sich dem Terror eines Menschen oder einer Menschengruppe zu entziehen. In manchen Fällen war es die letzte Möglichkeit, nach der Selbsteinschätzung der eigenen moralischen Verfassung den ungewollten Verrat von Freunden und Kampfgenossen unmöglich zu machen. In vielen Fällen entschlossen sich Gedemütigte, Gequälte und schwer Gefolterte zu diesem Schritt.	FREIT	192
Judenretter ist die Bezeichnung einer Person, die mit den gegebenen Mitteln und Möglichkeiten verfolgten Juden vor ihren Peinigern schützte – auch wenn sie (bisher) keine Anerkennung durch Yad Vashem als »Gerechte unter den Völkern« erhielt.	JUDR	388
Kunstschaffende sind Personen, die mit ihrer Kunst als Maler, Bildhauer, Filmer, Fotograf oder Bühnenbildner ihre Ablehnung faschistischer Inhalte, Formen und Aussagen zum Ausdruck brachten. Oft wurden sie dann vom faschistischen System als »entartet« denunziert und jede Erwerbsmöglichkeit mit ihren Werken verhindert.	KUNST	401
Musikschaffende sind analog zu den Kunstschaffenden, deren musikalische Ausdrucksmittel und Werke diffamiert und aus dem gesellschaftlichen Wirkungsbereich ausgeschlossen wurden. Sie wurden als Schöpfer »entarteter Musik« aus dem öffentlichen Musikleben verbannt.	MUSIK	320

Die Motive für den Widerstand Einzelner speisten sich hauptsächlich aus folgenden bekannten Quellen:

IDEELLE QUELLEN	PERSONEN-ZAHL
Sozialistische und kommunistische Parteien	9.780
Evangelisches Glaubensbekenntnis	1.097
Katholisches Glaubensbekenntnis	855
Jüdische Religion	1.762
Nationalsozialisten (NSDAP)	243

Dass sich auch NSDAP-Mitglieder am Widerstand gegen das Naziregime beteiligten, mag vielleicht verwundern. Aber in den fast ausschließlich bürgerlichen bzw. militärischen Widerstandsgruppen der Hitler-Attentäter vom 20. Juli 1944, der Goerdeler-Gruppe und dem Kreisauer Kreis befanden sich zahlreiche NSDAP-Mitglieder, die sich aus unterschiedlichen Gründen wie auch zu unterschiedlichen Zeitpunkten – meist erst, als sich die Kriegsniederlage abzeichnete – aus dem Gehorsamsraum ihrer Partei verabschiedet hatten.

Fazit: Von den 8.226 Widerständlern sind nur von 3.134, also nur knapp von der Hälfte die Handlungsmotive bekannt. Aber von diesen wiederum können zwei Drittel der sozialistischen oder kommunistischen Weltanschauung zugeordnet werden.

6. Wie stand es um die Überlebenschancen der Männer und Frauen im Widerstand?

Immerhin wissen wir von 27.873 der 32.222 Personen, welches Ende ihr Leben genommen hat nach einem ganz groben Raster.

ZAHL DER WIDERSTÄNDLER	GRUPPE
32.222	Gesamtheit ohne vollständige Lebensdaten
30.304	Gesamtheit mit vollständigen Geburtsdaten
27.873	Gesamtheit mit vollständigen Todesdaten
10.938	Überlebende mit natürlichem Tod
16.975	An erlittener Gewalt gestorben
4.354	Unbekannter Tod
823	Durch NS-Gerichtsurteil geköpft, erhängt oder erschossen
82	Durch Dienst in der Strafdivision 999 ums Leben gekommen
38	Durch den Großen Terror Stalins gestorben

Hier die Abfolge der Todesfälle unter den Widerständlern zwischen 1920 bis 1950

JAHR	TODESFÄLLE	JAHR	TODESFÄLLE
1920	6	1936	70
1921	3	1937	125
1922	4	1938	144
1923	4	1939	103
1924	12	1940	256
1925	9	1941	321
1926	6	1942	1.074
1927	3	1943	1.733
1928	1	1944	10.286
1929	9	1945	2.202
1930	22	1946	148
1931	24	1947	128
1932	65	1948	128
1933	430	1949	111
1934	107	1950	114
1935	88		

Untersucht man die zeitliche Abfolge der vom Naziregime mit Hinrichtung verurteilten Widerstandskämpfer, lässt sich mit den Jahren eine deutlich Steigerung der politischen Todesurteile feststellen:

JAHR	ZAHL DER HINRICHTUNGEN
1933	3
1934	1
1935	1
1936	1

JAHR	ZAHL DER HINRICHTUNGEN
1937	3
1938	6
1939	3
1940	4
1941	13
1942	86
1943	188
1944	350
1945 Januar bis 8. Mai	459

(Diese Zahlen sind in der oberen Tabelle der Todesfälle enthalten!)

Daran ist deutlich ablesbar, dass mit dem Beginn des »Ostfeldzuges« ein markantes Ansteigen der Hinrichtungen festzustellen ist, die auf Straftaten der »Wehrkraftzersetzung« zurückgeführt werden können.

Wenn man berücksichtigt, dass das Dritte Reich nur noch in den ersten vier Monaten 1945 an der Macht war, ist die Zahl der Hinrichtungen noch einmal in immense Höhe gestiegen!

Der älteste der Hingerichteten war der Münchener Kommunist Wilhelm Olschewski sen., der sich der Uhrig- Römer-Gruppe (URÖG) angeschlossen hatte und mit 72 Jahren geköpft worden ist. Das jüngste Opfer der Diktatur wurde der 16jährige Kölner Schlosserlehrling Günther Schwarz, der sich in der Ehrenfelder Gruppe (EHREN) im Widerstand betätigt hatte. Zusammen mit zwölf anderen Jugendlichen wurde er nach schweren Misshandlungen am 10. November 1944 öffentlich gehängt.

Ich habe auch untersucht, wo sich die jeweiligen Lebensorte der überlebenden Widerständler nach der bedingungslosen Kapitulation der deutschen Reichsregierung 1945 befunden haben. Insbesondere dürfte aufschlussreich sein, wo die größte Gruppe der Überlebenden nach 1945 ihre Heimat gefunden hat. Da ja mehr als die Hälfte der Widerstandskämpfer der deutschen Nation angehörten, gehörten zu ihnen auch die meisten der Überlebenden.

Von den 1691 das Naziregime überlebenden DEUTSCHEN Widerstandskämpfern gingen 1945 in die jeweils entstandenen Besatzungszonen (WBZ = westliche, SBZ = sowjetische Besatzungszone):

ZAHL DER ÜBERLEBENDEN DEUTSCHEN	ÜBERLEBENSORT
949	WBZ bzw. BRD
742	SBZ bzw. DDR
1691 Gesamt	

Dabei fällt auf, dass der im Verhältnis größere Teil der deutschen Überlebenden die SBZ bzw. die DDR wählten, gemessen an dem nur knapp ein Viertel der Fläche Nachkriegsdeutschlands betragenden Territorium der DDR. Dazu mag beigetragen haben, dass viele der sozialistisch motivierten Widerstandskämpfer darin eine Chance gesehen haben konnten, dass im Osten Deutschlands mit Unterstützung der sozialistischen Staatsmacht UdSSR ein neues Deutschland unter sozialistischem Vorzeichen entstehen könnte.

Die Überlebenden hatten selbstverständlich auch ein Nachleben, das relativ gut dokumentiert ist. Für das Nachleben derer, die den Osten Deutschlands gewählt hatten, kamen neben den einfachsten Aktivitäten in einer Gemeinde oder Stadt auch höhere und höchste Ämter und Funktionen in Betracht.

Hier die Liste dieser Ämter und die dazu gehörigen Akronyme:

Amt bzw. Funktion	Akronym
Sozialistische Einheitspartei Deutschlands, Politbüro	SED-PB
Sozialistische Einheitspartei Deutschlands, Zentralkomitee	SED-ZK
Volkskammer der DDR	VOLKA
Demokratische Bauernpartei Deutschlands, Vorstand	DBD-V
Liberaldemokratische Partei Deutschlands, Vorstand	LDPD-V
Nationaldemokratische Partei Deutschlands, Vorstand	NDPD-V
Christlich-Demokratische Union Deutschlands, Vorstand	CDU-V
Staatsrat der DDR	STAAT

Amt bzw. Funktion	Akronym
Ministerrat der DDR	MINRAT
Bezirk	BEZRAT
Kreis	KREIS
Stadt	O-BÜMEI
Gemeinde	BÜMEI
Oberstes Gericht der DDR	OBGERI
Generalstaatsanwalt der DDR	GENSTA
Nationale Volksarmee der DDR	NVA-FU
Deutsche Volkspolizei der DDR	DVP-FU
Ministerium für Staatssicherheit der DDR	MFS-FU
Gesellschaft für Sport und Technik	GST-FU
Kulturbund der DDR	KULBU
Landwirtschaftliche Produktionsgenossenshaft	LPG-V
Volkseigener Betrieb	VEB-DIR
Universität	UNI-DIR

7. Wie war die Altersstruktur unter den Widerstandskämpfern?

Der älteste Widerständler war der Weißrusse Wassil Isakawitsch Talasch, der 1845 in Petrykau zur Welt kam. Als er in die Sowjetunion zurückgekehrt war, starb er 1946 mit 101 Lebensjahren. Die jüngste Widerständlerin ist Zinaida Pozniakova aus Montenegro, geboren 1932, die von der Gedenkstätte Yad Vashem als Gerechte unter den Völkern geehrt wurde.

Unter den Geburtsjahrgängen, nach Jahrzehnten geordnet, sind folgende Zahlen zu verzeichnen:

GEBURTSJAHRGÄNGE	PERSONEN
1850-1859	9
1860-1869	46
1870-1879	223
1880-1889	764
1890-1899	1.442
1900–1909	1.991
1910–1919	1.427
1920–1929	805
1930–1932	11

Setzt man das Aufkommen der ersten völkischen und nazistischen Gruppierungen etwa auf das Jahr 1920 an, so kann man ab den Geburtsjahrgängen von 1900 die meisten Widerstandskämpfer als junge Personen ab 20 Jahren feststellen. Die ab 1910 Geborenen und noch eher die ab 1920 Geborenen machen nur noch einen geringen Anteil unter den Widerstandskämpfern aus.

8. Die Verteilung der Geschlechter im Widerstandskampf

Wenn man sich die Zahlen anschaut, kommt man auf folgendes Ergebnis:

Von den 32.223 erfassten Biogrammen sind

ZAHL		PROZENT
Männer	28.442	88
Frauen	3.780	12
Gesamt	32.223	100

Interessant dürfte bei dieser Betrachtungsweise sein, ob es bei Männern und Frauen etwa gleiche Präferenzen für ihre Widerstandsmotivation gab. Auch wäre die Kenntnis darüber wünschenswert, in welchen Widerstandsgruppen die Geschlechter jeweils überwiegend vertreten waren. Hier bieten sich weitere Forschungsthemen an.

9. Die Mitwirkung der Beteiligten in Widerstandsgruppen

Von den 32.222 erfassten Biogrammen = 100,00%
→ sind 28.709 durch Motive und Widerstandsgruppen definiert = 89,00%

Hier die Widerstandsbeteiligungen nach der zahlenmäßigen Frequentierung, wobei mindestens eine zweistellige Zahl von Beteiligten in der Gruppe als unterster Wert aufgeführt wird. Einschließlich der Gruppen mit den einstelligen Zahlen liegt die Zahl der Gruppen bei insgesamt 743.

Akronym	Gruppe	Zahl
KPD	Kommunistische Partei Deutschlands	4505
FOFIN	Forces françaises de l'intérieur	4454
DEFÄT	Defätistische Äußerungen in Wort und Schrift	3783
SPD	Sozialdemokratische Partei Deutschlands	2457
GUDV	Gerechte unter den Völkern	2140
JÜDI	Jüdische Herkunft	1762
FRATIR	Franc-Tireur	1708
EVAN	Evangelische Gemeinschaften	1098
CODLI	Compagnon de la Libération	962
PARTIS	Partisan	962
BEKIR	Bekennende Kirche	938
KATH	Katholische Kirche	855
INBRI	Internationale Brigaden	665
ZEUGE	Zeugen Jehovas	621
KJVD	Kommunistischer Jugendverband Deutschlands	587

Akronym	Gruppe	Zahl
USPD	Unabhängige Sozialdemokratische Partei Deutschlands	537
MAQUIS	Maquis, im frz. Rückzugsgebiet kämpfende Freischärler	525
DESER	Desertation aus der Wehrmacht	519
SABOT	Sabotage-Aktionen	507
ROHID	Rote Hilfe Deutschland, Hilfsorganis. z. Unterstützg. verfolgter Widerständler	435
PCF	Parti communiste francais, Kommunistische Partei Frankreichs	417
ORCIMI	Organisation Civile et Militaire der Resistance	404
REICH	Reichsbanner Schwarz-Rot-Gold	403
KUNST	Kunstschaffende	401
JUDR	Judenretter	388
RESALL	Réseau Alliance, Netz der Allianz in der RESI	358
NKFD	Nationalkomitee Freies Deutschland	349
SOAJU	Sozialistische Arbeiterjugend	349
FLUCHT	Flucht vor Zwangs-und Todessituationen	343
HITAT	Hitler-Attentäter	340
ROKA	Rote Kapelle	336
MUSIK	Musikschaffende	320
RESI	Resistance, frz. Widerstandsbewegung	311
FOFCO	Forces françaises combattantes (de Gaulle)	296
ROFRO	Roter Frontkämpferbund der KPD	282
SD 999	Straf-Division 999	260
MENRE	Menschenretter	257
NSDAP	Nationalsozialistische Deutsche Arbeiterpartei	243

Akronym	Gruppe	Zahl
REVGO	Revolutionäre Gewerkschafts-Opposition	237
ROTA	Rote Armee nach Übertritt aus Wehrmacht	230
WEHRZ	Wehrkraftzersetzung	216
ORELA	Organisation de résistance de l'armée (ORELA), paramil. Wid. organisation d. Armee	208
ADGB	Allgemeiner Deutscher Gewerkschaftsbund (ADGB)	204
KPÖ	Kommunistische Partei Österreichs	202
FREIT	Freitod	192
UHRÖM	Uhrig-Römer-Gruppe	173
SAEJAB	Saefkow-Jacob-Bästlein-Organisation	170
LINORD	Libération Nord, Personen der Befreiung in der RESI	168
COMB	Combat Kampfgruppe in der RESI	166
SAPDE	Sozialistische Arbeiter-Partei Deutschlands	166
RADIO	Vergehen gegen die Rundfunkverordnung	163
WIBU	Widerstand im KZ Buchenwald	162
BFREID	Bewegung Freies Deutschland	156
DEMEV	Deutscher Metallarbeiter-Verband (DMV)	155
INROH	Internationale Rote Hilfe (IRH; auch bekannt unter dem russischen Akronym МОПР	153
CALPO	Comité Allemagne libre pour l'Ouest, frz. Komitee Freies Deutschland f. d. Westen	152
DIR	Dir (Clan), ein Clan in Somalia, Angehöriger der RESI	151
KPD-O	Kommunistische Partei Deutschlands (Opposition)	147
SOEXE	Special Operations Executive, dt.: Spezialeinsatztruppe (SOE) d. brit. Militärs	145

Akronym	Gruppe	Zahl
FTP-MOI	Francs-tireurs et Partisans –main d'œuvre immigrée, dt.: Immigr.-Beweg. d. FTP	141
GOERK	Goerdeler-Kreis	136
SEFIOU	Section française de l'internationale ouvrière	135
ASSO	Assoziation revolutionärer bildender Künstler Deutschlands	132
CEURES	Ceux de la Résistance Personen des Widerstands, RESI	129
COFRAP	Christl.-freiheitl. Plattf. f. e. freies Europa souv. Völker, Colonies franç. Du Pacifique	121
KAGFA	Kampfbund gegen den Faschismus	119
ANFASC	Antifa-Schule war eine Kurzbezeichnung für die Antifaschistischen Frontschulen	114
KNÖSE	Knöchel-Seng-Gruppe	111
M-APP	Militärischer Apparat der KPD	108
BÄJAG	Bästlein-Jacob-Abshagen-Gruppe	106
DEZWA	De Zwarte Hand, belg. Schwarze Hand	106
ASORA	Arbeiter- und Soldatenrat	105
SPARTA	Spartakusbund linkskommunistischer Organisationen auch Spartakusbund Nr. 2	104
DDP	Deutsche Demokratische Partei	102
EXKOI	Exekutivkomitee der Kommunist. Internationale	101
CEULIB	Ceux de la Libération, Personen der Befreiung RESI	98
SETROB	Service du travail obligatoire, NS-Zwangsarbeit für junge Franzosen	96
COFLI	Comité français de Libération nationale, frz. Komitee für die nationale Befreiung	91

Akronym	Gruppe	Zahl
CONOD	Confrérie Notre Dame, Nachrichtendienst in der RESI	87
MASCH	Marxistische Arbeiterschule	86
BUKOJU	Bund der Kommunisten Jugoslawiens	85
F-KOMI	Funktionäre der Kommunistischen Internationale	85
SONCAF	Société nationale des chemins de fer français (SNCF)	81
LITERA	Literatur	73
KPDSU	Kommunistische Partei der Sowjetunion	72
COZON	Combat Zone Nord Kampfgruppe in der RESI	70
HEBAU	Herbert-Baum-Gruppe	69
PA-SU	Partisan in der Sowjetunion	69
SCHWAB	Schwarzwälder Blutwoche	69
INSOK	Internationaler Sozialistischer Kampfbund	68
MUHOM	Musée de l'Homme, dt.: Museum des Menschen, Geheimdienstnetzwerk	68
BUREAC	Bureau central de renseignements et d'action, Zentralbüro f. Information u. Aktion	67
KREISAU	Kreisauer Kreis	67
WEIROM	Weiße Rose München	62
RECEN	Réseau Centurie, Geheimdienst der Organisation Civile et Militaire (OCM)	61
NEUBEG	Neu Beginnen-Gruppe	60
KAPD	Kommunistische Arbeiterpartei Deutschlands	59
RIFREP	Rif-Republik, Konföderierte Republik der Rifs, Marocco	59
DEFRIG	Deutsche Friedensgesellschaft	58
KONSP	Konspiration	58

Akronym	Gruppe	Zahl
TRAVA	Travail Anti-Allemand (TA), dt.: Deutsche Arbeit, Gruppe der KPF	58
UHRIWI	Uhrig-Widerstandsgruppe	58
DELIM	Deutsche Liga für Menschenrechte	56
BFD-M	Bewegung Freies Deutschland im Mexico	55
POTETE	Postes, télégraphes et téléphones, heute La Poste (F)	55
LESGIBT	Lesbian Gay Bisexual und Transgender	53
FDJ	Freie Deutsche Jugend	52
REPAOL	Réseau Pat O'Leary, Widerstandsorganisation	52
ENGLA	Englandspiel Gescheiterte Partisanenaktion der NL	51
WEIHAM	Weiße Rose Hamburg	51
AWO	Arbeiterwohlfahrt e. V. (AWO)	50
ROSTO	Rote Stoßtrupps	50
BUNEUV	Bund Neues Vaterland	50
NSV	Nationalsozialistische Volkswohlfahrt	50
WIAU	Widerstand im KZ Auschwitz	49
DEUCH	Deutsche Christen (DC)	48
FAUD	Freie Arbeiter-Union Deutschlands	48
RELSOZ	Religiöser Sozialismus	48
VESOS	Vereinigung sozialistischer Schriftsteller (VsS)	48
KOMUW	Kommunistische Universität des Westens	47
PROLF	Proletarische Freidenker	47
ATUSB	Arbeiter-Turn-und Sportbund	46
CODEG	Council for a Democratic Germany, eng. Rat für ein demokratisches Deutschland	44
ELAS	Ellinikós o. Ethnikós Laikós Apelevtherotikós Stratós (ΕΛΑΣ), Grie. Volksbefr. armee	44

Akronym	Gruppe	Zahl
ROGIN	Rote Gewerkschafts-internationale (RGI)	44
OBNAR	Obrana národa, dt.: Verteidigung der Nation – nichtkomm. CS-Widerstandsgruppe	43
REBRU	Réseau Brutus, Geheimdienstnetzwerk im Krieg	43
BUKOPA	Bulgarische Kommunistische Partei	42
DIGER	Direction Générale des Etudes et Recherches (DGER), Kriegsnachrichtendienst	42
KOJUIN	Kommunistische Jugendinternationale KJI	42
ABWEH	Abwehr, deutscher militärischer Geheimdienst	41
WISO	Widerstand im KZ Sobibor	41
Z-BOA	Zwangsarbeiter bei BOA Group	40
EDED	Einheitsverband der Eisenbahner Deutschlands (EdED)	39
HAAUF	Hamburger Aufstand	38
LECHLE	Lechleiter-Gruppe	38
SCHUENK	Schumann-Engert-Kresse-Gruppe	38
BFD-CH	Bewegung »Freies Deutschland« in der Schweiz	37
DNVP	Deutschnationale Volkspartei	37
GRUMA	Gruppe Manouchian, Partisanen der Resistance	37
ORTH	Orthodoxe Kirche	37
MOLINA	Mouvement de libération nationale, mouvem. de résistance franç créé début 1944	36
PFAD	Pfadfinder	35
ANARCH	Anarchismus	33
LUTKRE	Lutetia-Kreis zur Bildung einer Deutschen Volksfront	33
PA-F	Partisan in Frankreich	32
PA-IT	Partisan in Italien	30

Akronym	Gruppe	Zahl
ARKRA	Armia Krajowa, Polnische Heimatarmee, der poln. Exilregierung verpflichtet	30
SESMIF	Service de sécurité militaire français – Travaux ruraux	30
FRONI	Service de sécurité militaire français – Travaux ruraux	29
PA-PL	Partisan in Polen	29
AUFR 50	Aufruf 50 von deutschen Generälen und Offizieren an Volk und Wehrmacht	28
EMEAB	Einheitsverband der Metallarbeiter Berlins (EVMB)	28
GEFRU	Gesellschaft der Freunde des neuen Rußland	28
SCHWAF	Schwarze Front, national-revolutionärer Kreis	28
FRIBU	Friedensbund Deutscher Katholiken (FDK)	27
SOPADE	SOPADE Vorstand der SPD im Exil	27
FREGELE	Free German League of Culture in Great Britain (FGLC)	26
KAROSP	Kampfgemeinschaft für rote Sporteinheit	26
WIENK	Wiener Kreis	26
WOILPE	Women's international League for Peace and Freedom	26
AGUES	Agrupación de guerrilleros españoles, dt.: Spanische Freiwillige in Frankreich	25
DVP	Deutsche Volkspartei	25
JÜAK	Jüdisches Antifaschistisches Komitee	25
LIBSUD	Libération Sud, Personen der Befreiung in der RESI	25
PARAZ	Partito d'Azione, dt.: Aktions-partei, ital. antif. partei	25
ALARUN	Allgemeine Arbeiter-Union	24
DERER	Deutscher Republikanischer Reichsbund	24
GRUSOR	Gruppe Soldatenrat, österreichischer Widerstand	24
INGEW	Internationale Gewerkschaftsverbände	24

Akronym	Gruppe	Zahl
JEOCH	Jeunesse ouvrière chrétienne (JOC), frz. Christliche Jugend	24
POLSOP	Polnische Sozialistische Partei	24
SS-DIR	SS-Sondereinheit Dirlewanger	24
ANAWIS	Aktion Nationaler Widerstand in der Schweiz	23
EIFRO	Eiserne Front, Zusammenschluss SPD-naher Widerstandsgruppen	23
GIULI	Giustizia e Libertà, dt.: Gerechtigkeit und Freiheit, italienische Widerst.-gruppe	23
KÖLK	Kölner Kreis, ziviler Wid. kreis i. Westen Deutschlands im politischen Katholizismus	23
MIAUF	Mitteldeutscher Aufstand	23
RESABI	Réseau Alibi, Geheimdienstwerk Innenwiderstand	23
ROGRU	Rote Gruppe, in Berlin 1924 gegründeter kommunistischer Künstlerbund	23
WISA	Widerstand im KZ Sachsenhausen	23
ALIADC	Alianza de intelectuales Antifascistas para la Defensa de la Cultura	22
FRESO	Freie sozialistische Jugend	22
INLIRA	Internationale Liga gegen Rassismus und Antisemitismus	22
INTRA	Internationale Transportarbeiter-Föderation (ITF)	22
O-FÜNF	O5, Kürzel der bekanntesten österreichischen Widerstandsgruppe	22
ETROH	Etter-Rose-Hampel-Gruppe	21
LENBU	Leninbund	21
REVSÖ	Revolutionäre Sozialisten Österreichs	21
ROKÄM	Rote Kämpfer	21

Akronym	Gruppe	Zahl
SLOWNA	Slowakischer Nationalaufstand	21
PA-JU	Partisan in Jugoslawien	20
COLIN	Comitato di Liberazione Nazionale (CLN), it. Komitee der nationalen Befreiung	20
FREIK	Freiburger Kreis	20
INSCH	Internationaler Schriftstellerkongresses zur Verteidigung der Kultur in Paris 1935	20
FARPO	Fareinikte Partisaner Organisatije, jüdische Partisanen	19
REAKIF	Reichsarbeitsgemeinschaft der Kinderfreunde	19
SPERR	Sperr-Kreis	19
TRUAND	Truand, Gangster im Sinne von »Auf eigene Faust-Kämpfer«	19
WAAUF	Warschauer Aufstand	19
WIMA	Widerstand im KZ Mauthausen	19
AKOFD	Antifaschistisches Komitee Freies Deutschland, a. d. Balkan tätige Widerst. gruppe	18
COMSO	Comité d'action socialiste (COMSO) , französoisches Sozialistisches Aktionskomitee	18
CONAR	Conseil national de la Résistance, französischer Nationaler Widerstandsrat	18
DEVOF	Deutsche Volksfront, Widerstandsgruppe um Hermann Brill	18
FÜHRCH	Führungscharakter, in RESI gebräuchlich: »KFNB« (Lokomotiv-Typ b. d. Eisenbahn)	18
HEINE	Heinrich-Heine-Klub, Verein von deutschen Exilanten in Mexiko	18
IFOR	International Fellowship of Reconciliation, IFOR	18
PFANOB	Pfarrernotbund	18

Akronym	Gruppe	Zahl
SOJUVE	Sozialistischer Jugend-Verband Deutschlands (SJVD, auch SJV)	18
WIDA	Widerstand im KZ Dachau	18
ARMS	Armée secrète, Geheimarmee des belgischen Widerstands	17
COMPANE	Communistische Partisij van Nederland	17
FROLIN	Front de l'indépendance (Fi), belg. Unabhängigkeitsfront	17
KOARG	Kommunistische Arbeitsgemeinschaft (KAG)	17
RECOM	Réseau Comète (dt. etwa: Netzwerk der belgischen und französischen Résistance	17
RODREI	Rote Drei, Spionagering der ROKA in der Schweiz	17
ROJUNG	Rote Jungfront, Jugendabteilung der ROFRO	17
UNKOPA	Ungarische Kommunistische Partei 1918–1948	17
DEJUN	Deutsche Jungenschaft vom 1. November 1929	16
FUJEP	Forces unies de la jeunesse patriotique (FUJP)	16
FDB-UK	Freie Deutsche Bewegung GB	16
IMO	Internationale Militär-Organisation im KZ BUWA	16
KOPGRI	Kommunistische Partei Griechenlands	16
KOMUNO	Kommunistische Universität des Ostens	16
POLER	Polen-Erlass	16
POPARU	Polska Partisia Robotnicza (PPR; deutsch Polnische Arbeiterpartei)	16
PRODUE	Propaganda Due (P2)	16
REVOBL	Revolutionäre Obleute	16
STREIK	Streik in Luxemburg vom September 1942	16

Akronym	Gruppe	Zahl
GEFRE	Gewerkschaftlicher Freiheitsbund gegen das Hakenkreuz	15
INLIM	Internationale Liga für Menschenrechte	15
KOMINT	Kommunistische Internationale	15
PA-AL	Partisan in Albanien	14
AFFRÖ	Antifaschistische Freiheitsbewegung Österreichs (AFÖ)	14
EHREN	Ehrenfelder Gruppe, Kölner Widerstandsgruppe	14
FREHA	Freies Hamburg-Gruppe	14
GRUINT	Gruppe Internationale	14
HEROOS	Heinrich ROOS-Freundeskreis Gesinnungsgemeinschaft in Wiesbaden	14
KONGEN	Konsumgenossenschaft	14
INAHI	Internationale Arbeiterhilfe, Vorläufer der Roten Hilfe	13
INKOD	Internationale Kommunisten Deutschlands, trotzkistischen linke Opposition d. KPD	13
KINTRA	Kindertransporte	13
NEUFÖS	Neues Freies Österreich	13
OSFRO	Osvobodilna Fronta OF, dt.: Befreiungsfront der slowenischen Nation	13
RAFUKU	Royal Air Force, l'armée de l'air britannique	13
AKRHEI	Aktion Rheinland	12
AJÜAB	Allgemeiner Jüdischer Arbeiterbund in Litauen, Polen und Russland	12
COGETU	Confédération générale du travail unitaire (CGTU)	12
GRÖFB	Großösterreichische Freiheitsbewegung österreichische Widerstandsgruppe	12

Akronym	Gruppe	Zahl
KITRA	Kirchl-Trauttmansdorff-Gruppe, österreichischerWiderstand	12
ÖFBEW	Österreichische Freiheitsbewegung, Name v. 2 kath.-konserv. Widerstandsgruppen	12
ROBST	Robinsohn-Strassmann-Gruppe	12
EMKRA	Empacher-Krause-Gruppe Stettiner Widerstandsgruppe	11
FOFLI	Forces Francaises Libres	11
JUPA	Jugoslawische Volksbefreiungsarmee und Jugoslawische Partisanen	11
KATAR	Katholischen Arbeiterbewegung (KAB)	11
MILORG	MILORG, konspirativer Widerstand in der norwegischen Armee	11
ORDED	Ordedienst (OD), Widerstandsbewegung in den von Deutschland besetzten NL	11
POUM	Partido Obrero de Unificación Marxista, dt.: Arbeiterpartei d. Marxistischen Einheit	11
ROFALK	Rote Falken	11
UNTUNI	Untergrund-Universität (PL)	11
WILLY	Willy-Fred-Gruppe, österr. Partis. gruppe, d. v. 1942–1945 im Salzkammergut bestand	11
YOUNA	Young Austria, österreichische Emigranten in UK	11
ZEREN	Zehn von Renesse, niedl. Widerstandskämpfer	11
AVNOJ	Antifašističko v(ij)eće narodnog oslobođenja Jugoslavije, Antif. Rat d. Nat. Befr. Jugosl	10
BFD-UK	Bewegung Freies Deutschland in UK	10
BUNEUD	Bund Neudeutschland, katholisch	10
FÖKAD	Föderation Kommunistischer Anarchisten Deutschlands (FKAD)	10

Akronym	Gruppe	Zahl
LINOBO	Linke Opposition der KPD (Bolschewiki-Leninisten)	10
MUSLIM	Muslim	10
PASOIT	Partito Socialista italiano (PSI)	10
SEPTAB	Septemberaufstand (Bulgarien)	10
SIESPAZ	Sieben Spaziergänger (Die getreuen Sieben, Die aufrechten Sieben und Die Sieben)	10
SA	Sturmabteilung der NSDAP	10
UNTER 7	Unternehmen Sieben, auch Operation U-7 (Abwehr)	10
WÜRPF	Württembergische Pfarrhauskette in den letzten NS-Jahren	10

Bei weitem am höchsten sind die vierstelligen Zahlen der sozialistischen Parteien. Eindrucksvoll ist auch die Zahl derer, die von Yad Vashem als »Gerechte unter den Völkern« geehrt wurden, weil sie das Leben von verfolgten Juden durch Verstecken oder aktive Fluchthilfe retteten. Danach folgen im großen Abstand Widerstandsgruppen, die noch dreistellige Mitgliederzahlen aufweisen. Nach der Bekennenden Kirche (BK), die in gewisser Hinsicht eine Sonderstellung einnimmt (s.o!) folgen Widerstandsgruppen, die eine starke Aktivität zur Bekämpfung der Naziherrschaft leisteten: durch Herstellung und Verbreitung antifaschistischer Texte, durch Bekämpfung von NS-Propaganda, durch Angriffe auf wichtige Objekte der NS-Herrschaft bis hin zur Sabotage, zu Anschlägen auf Leib und Leben des Führungspersonals, durch Desertion von der kämpfenden Truppe und Solidaritätshandlungen gegenüber Zwangsarbeitern und ihren Kindern. Nicht mehr aufgeführt werden dann die immerhin noch 459 Kreise oder Gruppen, denen jeweils nur eine Person zugeordnet werden konnte.

10. Die Zahlen der in Konzentrationslagern, Zuchthäusern, Ghettos und Tötungsanstalten ermordeten Widerstandskämpfer

Name der Einrichtung	Anzahl
Konzentrationslager Dachau	329
Konzentrationslager Sachsenhausen	228
Konzentrationslager Auschwitz	174
Zuchthaus Brandenburg-Görden	141
Konzentrationslager Neuengamme	107
Konzentrationslager Bergen-Belsen	99
Konzentrationslager Ravensbrück	83
Konzentrationslager Theresienstadt	69
Konzentrationslager Flossenbürg	57
Konzentrationslager Buchenwald	36
Zuchthaus München-Stadelheim	33
Wehrmachtsgefängnis Torgau	32
Konzentrationslager Natzweiler	24
Tötungsanstalt Schloss Hartheim	20
Zuchthaus Köln-Klingelpütz	18
Konzentrationslager Gusen	16
Konzentrationslager Majdanek	10
Tötungsanstalt Bernburg	10

Name der Einrichtung	Anzahl
Ghetto Riga	10
Ghetto Lodz	10
Konzentrationslager Hinzert	5
Konzentrationslager Lichtenburg	4
Konzentrationslager Mauthausen	3
Zuchthaus Dresden	3
Konzentrationslager Treblinka	2
Konzentrationslager Herzogenbusch-Vught	2
Vernichtungslager Maly Trostinez	2
Tötungsanstalt Pirna Schloss Sonnenstein	2
Zuchthaus »Roter Ochse« Halle	1
Vernichtungslager Kulmhof	1
Vernichtungslager Belzec	1
Konzentrationslager Groß-Rosen	1
Gesamt	1.934

11. Das Nachleben der deutschen Überlebenden des Widerstands am Beispiel Thüringens

Als gebürtiger Thüringer liegt es mir nahe, dass ich die Betrachtung des Nachlebens besonders in meiner Heimatregion untersucht habe, wie im Folgenden deutlich wird.

Von den für Thüringen festgestellten 2.781 Personen im Widerstand konnten bisher von 1.934 nicht festgestellt werden, ob und wie sie die Naziherrschaft überstanden haben. Unsere bisherige Kenntnis bezieht sich also lediglich auf ein Drittel dieser Gesamtzahl. Von diesen 847 Personen ist bekannt, dass 513 das Dritte Reich überlebten, während 334 einen gewaltsamen Tod gefunden haben. Hier wird dieses Wissen noch einmal in einer Tabelle dargestellt:

ZAHL	PERSONEN	PROZENT
Gesamtzahl	2.781	100
Schicksal unbekannt	1.934	70
Schicksal bekannt	847	30
Davon gewaltsamer Tod (GEW)	334	12
Davon natürlicher Tod (NAT)	513	18

Von diesen 513 Thüringer Überlebenden aus dem Widerstand in der Naziherrschaft wissen wir, wo etliche von ihnen nach der Befreiung vom Faschismus ihre neue Lebensaufgabe fanden:

DEUTSCHLAND	PERSONENZAHL	PROZENT
Politik und Gesellschaft der SBZ, später DDR	191	37 (von 513)
Politik und Gesellschaft der WBZn, später BRD	43	8 (von 513)

DEUTSCHLAND	PERSONENZAHL	PROZENT
Politik und Gesellschaft im Ausland	18	4 (von 513)
Gesamt	252	49 (von 513)
Bisher unbekannt	261	51 (von 513)

Also ist bisher lediglich von der Hälfte der Überlebenden ihr Nachleben als Befreite bekannt geworden; die andere Hälfte sollte noch ermittelt werden – wobei die Leser dieser Untersuchung möglichst mithelfen sollten.

Hier die Orte (alphabetisch geordnet) und Inhalte im Nachleben der Überlebenden (Mit den gefetteten MAJUSKELN wird eine Form der öffentlichen Erinnerung genannt):

Altenburg

Ernst Frommhold	DDR	Abteilungsleiter im Thüringer Wirtschaftsministerium
Wilhelm Nowack	BRD	Rundfunkredakteur, Journalist Frankfurter Zeitung, FDP
Alfred Tittel	DDR	Kreisvorsitzender der KPD Altenburg

Apolda

Hermann Fischer	DDR	Kriminalpolizei Apolda, Sport-Instrukteur, **GEDENKTAFEL**
Albert Raisner	F	Musik-Trio in Frankreich
Alfred Illge	DDR	Stadtverwaltung Apolda
August Friedrich	DDR	Bürgerm. Apolda, Absetzung, Lohnbuchhalter, **GEDENKTAFEL**
Eduard Wagner	DDR	Werkstatt Anfertigung Pokale, Medaillen, Schmuck
Ernst Römer	DDR	Polizeichef Apolda, stellv. Polizeipräsident Erfurt

Franz Roh	BRD	Journalist und Kunstkritiker München, **GEDENKTAFEL**
Irene Risse	AUST	Emigration nach Australien
Kurt Götze	DDR	Bezirkstag Erfurt, Rat des Bezirkes Erfurt
Max Burkhardt	DDR	Mitarbeit Landrat Weimar, Bürgerm. Stotternheim
Max Sommer	DDR	Bezirkstag Erfurt, Bewerber Ausschreib. OdF-Mahnmal Ap.
Otto Kleine	DDR	Oberstleutnant der Volkspolizei, Vors. GDSF Apolda
Otto Tobermann	DDR	Rat der Stadt Apolda
Paul Weilepp	DDR	Mitarbeiter des MfS
Willy Hundertmark	BRD	KPD-Redakteur Bremen, Mitbegr. d. VVN, **STRASSENNAME**
Willy Schiering	DDR	Leiter Betr.-Berufsschule Ap., Bläser Schalm.-Kap. Arnstadt

Arnstadt

Hermann Schwarzbold	DDR	Bürgermeister Arnstadt, Leiter Kommunalwirtschaft
Hermann Steudner	DDR	Oberbürgermeister Arnstadt, MfS
Johannes (»Hans«) König	DDR	Chefredakteur Tageszeitung, Botschafter in China u. a. Länd.

Bad Berka

Helmut Holtzhauer	DDR	Volksbild. Min. Sachsen, Gen. Dir. Klassik-Stiftung Weimar
Hugo Günther	DDR	Verwaltungsdirektor SVK Weimar
Walther Victor	DDR	Min. Sachsen, Lesebücher f. u. Zeit, **STRASSENNAME**

Wilhelm Flitner	BRD	Pädagogik-Wissenschaftler Hamburg, **GEDENKTAFEL**

Bad Langensalza

Alfred Jahn	BRD	Entnazifizierungskommission Hannover BRD, **EHRENGRAB**
Paul Hockarth	DDR	Verlagslr. Thüringer Zeitung, Generaldirektor der Zentrag
Hermann Schlimme	DDR	Mitbegründer des FDGB, Volkskammer, **EHRENGRAB**

Bad Liebenstein

Edwin Hoernle	DDR	Dir. Verwaltungsak., Ak. d. Landw. wiss., **BRIEFMARKE**
Rudolf Brassat	DDR	Direktor IFA-Motorenwerk Zschopau u. a.

Bad Salzungen

Fritz Wagner	DDR	Landrat Meiningen und Bad Salzungen

Birkenfeld

Herbert Werner	BRD	Prof. d. Theol. Uni Frankfurt, Hersg. »Stimme der Gemeinde«

Brotterode

Otto Klepper	BRD	Anwalt, Notar, Begründer »Frankfurter Allgemeine Zeitung«

Buchenau (Amt Creuzburg)

Erich Kotte	DDR	Kirchenjur. Sa., KL d. VLKD Dresden

Bürgel

Alfred Buhler	DDR	Arbeitsamt Eisenberg, Instrukteur RdK Eisenberg

Creuzburg

Wilhelm Enke	DDR	Oberst des MfS, Dipl-Jurist Berlin

Debschwitz

Herbert Ketscher	DDR	FDGB Landesvorstand Thüringen + Sachsen-Anhalt

Dietlas

Adam Wolfram	DDR	FDGB LV Sa.-A., La:aussch. NF, **ADAM-WOLFRAM-PREIS**

Eisenach

Emil Fuchs	DDR	Theologie-Professor, CFK-Mitbbegründ., **STRASSENNAME**
Hermann Gustaf Sumpf	DDR	GULAG bis 1958, zurück in DDR
Horst Lippmann	BRD	Jazz-Festival Frankfurt./M gegr., **BLUES HALL OF FAME**
Kurt Schumann	DDR	Mitbegründ. der NDPD, Präsident Oberstes Gericht der DDR
Rudolf Friedrich Arnold	DDR	Bürgermeister in Ruhla, Kreistag Eisenach

Eisenberg

F. W. Karl H. Kleinschmidt	DDR	Ev. Pfarrer, Mitbegr. VVN, VOLKA, **STRASSENNAME**
Hermann Burkhardt	DDR	Journalist Saarbrücken, Berliner Rundfunk DDR, ADN

Elgersburg

Walter Möller	BRD	Landesleitung KPD Hamburg, DKP

Erfurt		
Alois Bräutigam	DDR	CSR-u. DDR-Polizist Schmalkalden, SED-Chef, Volkskammer
Fritz Gäbler	DDR	Redakteur, SED-Funktionär, **EHRENGRAB**
Adolf Mans	DDR	Stadtverordn. Erfurt, Gedenkstätt.-Führer NMG Buchenwald
August Kunze	DDR	Abt. Leit. FDGB Thür., Dir. Verw. landeseigener Betriebe
David Baumgardt	USA	Philosoph, Ak. f. Men. recht NY, **DAVID-BAUMGARDT-STIP.**
Detlef Girrmann	BRD	Initiator Fluchthelfer-Organisation
Erich Zeigner	DDR	OB Leipzig, Prof. f. Verwaltungsrecht **STRASSENNAME**
Erwin Weiß	DDR	Dozent Kunsthochsch. Bln, Zirkelleit. bildn. Volksschaffen
Fritz Schwager	DDR	SED-Kreisleitung Gera, Rat des Bezirks Erfurt
Georg Boock	DDR	OB Wurz. u. Erf., Grü. Med. Akad., Päd. Inst., Zoo Eft., **STRASSENNAME**
Gerda Wachowius	DDR	Landeskontrollkomm. Thür., Bürgermeisterin Berlin-Mitte
Gerhard Weiss	DDR	Stellv. Min. f. Auß. hand., stv. Min. ratsvors.
Gustav König	DDR	Land. krim. amt Sa., DVP-Chef Thür., **EH.** **STRASSENNAME**
Herbert Grünstein	DDR	Chef DVP Eft., stv. DDR-Inn. Min, Gen. Sek. DSF, **EHRENGRAB**
Hermann Harden	DDR	Bürgermeister Jüterbog und Eisenach, LDPD Volkskammer
Hermann Joseph Vell	DDR	Kath. Pfarrer im Eichsfeld und Erfurt

Johannes Schröter	DDR	In KOMINTERN weiterhin tätig
Karl August Müller	DDR	Landtag Sachsen-Anhalt
Martin Jentzsch	DDR	Ev. Pfr., Gesangbuch 418 »Brich dem Hungrigen dein Brot«
Martin Weikert	DDR	Bezirksverwaltung MfS Erfurt, SED-Bezirksleitung Erfurt
Max Lackmann	BRD	Ökumeniker mit Ziel Vereinigung der Groß-Kirchen
Moritz Mebel	DDR	Arzt Krankenh. Estland, Chefarzt Urol. Charité Berlin, ZK SED
Paul Eggert	DDR	DVP Oberkommissar, MfS Thüringen
Richard Eyermann	DDR	Ver. part. tg SPD-KPD, LT. Thür.,, **EH. STRASSENNAME**
Theodor Hugo Conrad	BRD	Kreistag Hanau, KPD-Fraktion Großauheim
Wilhelm Schröder	DDR	Mitbegründer DBD, stellv. Vors. RdB Erfurt, Min f. Land+Forst-Wirtsch.
Willy Robert Huth	DDR	Prof. an der Kunsthochschule Berlin

Ernstthal

Hermann Scheler	DDR	Prof. f. DIAMAT an der HUB, Dt. Ak. d. Wi., **EHRENGRAB**

Gehofen

Hermann Kellermann	DDR	Vors. Raiffeisen-Verband Erft, Betriebsltr Pumpenwerk Eft

Gera

Herbert Ziegenhahn	DDR	Bürgermeister, Gesellschaftswissenschaftler, Volkskammer
Artur Schöneburg	DDR	Betriebsltr. Werkzeugmaschinenbau Gera, SED-Vors. Gera

Erich Preiser	BRD	1945 Wied. eröFSU Jena, 1946 Heidb, Mü. **REUCHLIN-PREIS**
Gustav Brack	DDR	Direkt. Land. arbeitsamt Thür., Bez. direkt. Gera Versicherung
Kurt Herm. Berthel	DDR	Ernähr. insp. Che, OB, Oph. neu, Umbeng. KMStadt **EH. STRASSENNAME**
Otto Hemmann	DDR	Stadtrat f. Arbeit Berlin, Zentralvorst. FDGB, Volkskammer
Otto Jenssen	DDR	Redakteur der neuen Zeitschrift URANIA **STRASSENNAME**
Otto Trillitzsch	DDR	Chefr. Thür. Volksz., Sä. Zeitg Dsd, VOKA, **EH. SCHULNAME**

Geschwenda

Rob. Alb. Carl Dornheim	DDR	Vorsitzender Gemeinderat, Mitglied Kreistag

Gößnitz

Heinrich Hoffmann	DDR	Generalstaatsanwalt Mecklenburg, Volkskammer
Wolfgang Reichmann	DDR	Chirurg Altenburg, Dir. Klinik Halle, Einlader wiss. Kongresse

Göttendorf

Hermann Drechsler	DDR	Redakteur Arbeiterzeitung, Landrat Gera **STRASSENNAME**

Goldlauter

Lydia Poser geb. Orban	DDR	Bgmn: Jena, Vors. RdB G, Volksk, **EH. EHRENBÜRGERIN**

Gotha

Franz Bonsack	DDR	Pfarrer Gotha

Franz Strube	DDR	Mitbegr. FDGB Meiningen, stv. Vors. Konsumgenossenschaft
Georg Appell	DDR	Rechtsanwalt, Volkskam., Direktor Investitionsbank Erfurt
Gerhard Bauer	DDR	Ev. Superintendent Stadtroda
Hermann Salomon	DDR	Arzt in mehreren Ländern, **MERKZEICHEN**
Maria Krüger g. Fraedrich	BRD	Sozialh., Mitbegr. VVN Bremen, Bürg. DKP **STRASSENNAME**
Max Blau	DDR	Treuhänder jüdisches Eigentum SBZ
Otto Geithner	DDR	Direktor Bibliothek Schloss Friedenstein **STRASSENNAME**
Otto Krauss	DDR	Mitbegr. Thüringer LDPD, Ltr. Thür. Ld. bank Eft, Volkskam.
Walter Wolf	DDR	Leh. Zeul. roda, Prf. Päd. HS Potsd., Lr. IFL. WE, **EH. INST.-NAME**
Gräfenroda		
Hermann Bischoff	DDR	Vorsitzender VdgB Holzhausen
Hermann Louis Brill	DDR	Lehr. Reg. präs. Thür., Chef Hess. Staatskzl., **STRASSENNAME**
Greiz		
Alfred Franz Oelßner	DDR	Zentr. Rev. komm. d. SED, **BRIEFMARKE + EHRENBÜRGER**
Hans Hermann Heller	DDR	Vergessen als Komponist
Helene Overlach	DDR	Profn. Päd. Hochschule Berlin, **EHRENGRAB**
Ida Fischer	DDR	Hptbuchh. Thür. Volksv., Vors. Konsumg., **KIGA-NAME**
Max Schütz	BRD	Bürgermeister in Glienicke, Flucht in BRD

Paul Alfred Wilhelm	DDR	Ehrenbürger Radebeul, Ehrenpension, **STRASSENNAME**

Gröba

Erhard Helbig	DDR	KVP, Politoffizier NVA, Chef pol. Verw. NVA u. Grenztruppen

Groitschen

Max Benkwitz	DDR	KPD Kreisleitung und Stadtrat Zeitz, SED-Kreisleitung Halle

Großberndten

Emil Friedrich	DDR	Leiter Bauamt Weimar

Großbreitenbach

Arno Voigt	DDR	Treuhänder der VVB, Kaderleiter RdK Ilmenau
Karl Metzner	DDR	Schwerter zu Pflugscharen, CFK, **JOCHEN-BOCK-PREIS**

Großenlupnitz

Otto Schiek	DDR	Landrat Eisenach, Stellv. Direktor VEB Carl Zeiss Jena

Großenstein

Erich Giebner	DDR	Fördermann Wismut Aue, Aktivist, Volkskammer

Hauröden

Friedrich Wulfert	BRD	Büro Schumacher, SPD Hannover, **STRASSENNAME**

Heidersbach

Albin Weis	USA	American Federation of Labor USA

Heilbad Heiligenstadt

Otto H. Chri. Bernhard	BRD	Mitglied SRP Bremen

Hildburghausen

Hartm. Moritz Mitzenheim	DDR	Gespr. Ulbricht Wartburg, CFK, **STRASSENNAMEN**

Hohenölsen

Paul Fischer	DDR	Gründg. Bild. buch-Verlg Greiz, Zuchthaus Kontakt »KGgU«

Ilfeld

Friedrich »Fritz« Giessner	DDR	Bgm. Gera, L. rat, Bgm. Nordhausen, **EH. EHRENBÜRGER**

Ilmenau

Hermann Jahn	DDR	AntifaKom., v. SMAD z. OB Eft. Ber., **EH. STRASSENNAME**

Ilversgehofen

Karl Bräuning	BRD	Nach Emigration USA in BRD keine pol. Betätigung mehr

Ingersleben

Willi Barth	DDR	AG Kirchenfragen der SED, **EHRENGRAB**

Jena

Franz Böhm	BRD	Uni-Rektor Frankfurt/M, **SCHULNAME**
Friedrich Zucker	DDR	Uni-Rektor HUB Berlin, Akademie der Wissenschaften DDR
Julius Chr. Ehreg. Schaxel	SU	SU-Akademie d. Wissenschaften

Karl Korsch	USA	US-Emigrant, Marx-Forscher
Ricarda Octavia Huch	BRD	Schriftst. Gedenkbuch dt. Widerst., **STRASSENNAME**
Erich Ernst Kops	DDR	Lndr. Lu. lust, Org.-Sekr. KPD, Botsch. HU **STRASSENNAME**
Erich Gutenberg	BRD	Westdt. Wissr. Betr. wirtschaftslehre, **DENKMAL**
Erich Matthes	DDR	Betriebsratsvorsitzend. Zeiss, Bezirksplankommission Suhl
Friedrich Schomerus	DDR	Personalchef Zeiss, LDPD Jena u. Ldtag, **EHRENBÜRGER**
Fritz Karl Albert Altwein	BRD	1958 aus schwedischem Exil in BRD, SPD
Fritz Kunst	DDR	OB Greiz, dann OB Jena, **EH. EHRENBÜRGER**
Georg Schneider	DDR	KPD-Bez. leitg Thüringen, Ltr. Ernst-Haeckel-Haus, Volksk.
Gertrud Pätsch	DDR	In BRD zu KPD, Kulturbund gegr., SBZ übersiedelt, MfS-IM
Gustav Kirchner	DDR	Lehrstuhl Anglistik FSU Jena
Hans Boegehold	DDR	WiederSPD, SED verl., Rücktr. Zeiss-Büro **STRASSENNAME**
Helene Holzman	BRD	Lehrerin Litauen tätig, Ausreise BRD,, **STRASSENNAME**
Herm. Schultze v. Lassaulx	BRD	Jena suspendiert, Dekan Rechtsw. Fakultät Hamburg
Karl Barthel	DDR	1945 Bürgermeister Jena, Direktor Stadtwerke Jena
Karl Rambusch	DDR	Stud. Physik Jena, Mitarb. El. Mikr. DDR, Dir. Kernkw. Rheinsb.
Kurt Held	CH	Emigrant Schweiz, **SCHULNAME**

Mathilde Vaerting	BRD	In BRD nicht wieder ins akad. Amt, **STRASSENNAMEN**
Oskar Albert Eichentopf	BRD	Bremen »Kampfgem. geg. Faschismus«, L. amt Wiedergutm.
Richard Zimmermann	DDR	KPD Jena, SED-KL, Absch. Stadtarchiv, **STRASSENNAME**
Rudolf Wehner	DDR	KPD-Vorsitzender, SED-Vorsitz, Mitarbeiter ZK-SED
Walter Eucken	BRD	Berater der frz. u. US-am. Militäradministration in Freiburg
Werner Schubert	DDR	Direktor Schott Jena, 1954 Volkskammer
Willy Pabst	DDR	KPD Gotha, Vors. Verb. d. Konsumgenossenschaften, Volksk.
Wolfgang Veil	DDR	Rheumatologe Jena

Kirchgandern

Georg Riehm	BRD	1945 Gesch. führer Konsumgenossenschaft Schlüchtern

Kleinaga

Ernst Thape	BRD	Aufb. SPD Prov. verb. Mgbg, Prov. Reg. Pressestelle n. sä. La. reg.

Kölleda

Toni Römer geb. Geiße	DDR	Stadtv. Ap., Kreistag, DFD-Schul. leitn, Volkssolidarität

Küllstedt

Kurt Kellner	BRD	Staatl. Gesundh. amt Würzbg, Reg. rat, St. rat 1956 Mand. verl.

Langenwetzendorf

| Wilhelm Herm. Gründler | DDR | um 1955 nach Westberlin, Arbeitsverwaltung |

Langewiesen

| Gisela Worch | DDR | Vor stud. anst. Berlin, HUB Jura, Mitgl. Bnd. vorst. DFD,Ehr. pens. |

Leumnitz

| Helene Rosenhainer | DDR | 1945 KPD, 1946 SED, danach keine pol. Funktionen mehr |

Lucka

| Alfred Borchert | DDR | Bürgermeister Pößneck, Landrat Saalfeld |

Masserberg

| Otto Brass | DDR | 1946 Bundesvorstand FDGB, KPD, SED, **EHRENGRAB** |

Mattstedt

| Arno Liebe | DDR | Konflikte mit DDR-Staatsfunktionären |

Meiningen

Cläre Barwitzky	DDR	Seelsorghelferin Leipzig
Fritz Diez	DDR	Aufb. Kulturb., Int. Mein, G.-Int. Halle,, **EHRENBÜRGER**
Paul Hildebrandt	DDR	1945 Landrat Meinungen, **STRASSENNAME**
Rudolf Rausch	DDR	KPD, 1946 Inspekt. Thür. Lndpol., Bez. sekr. VdgB Bez. Suhl

Moschwitz

| Alma Liebscher g. König | DDR | Namen »Senioren-Club in Apolda«, **CLUB-NAME** |

Mühlhausen

Charlotte Bust g. Fiebrich	DDR	SED Landtag Thür., Kreistag Mühlhausen
Paul Bertz	DDR	Präs. Dt. ZVf. Stat., Kom. Wi. KUW Chemn., **STRASSENNAME**

Nischwitz

Erich Streicher	DDR	1954 Volkskammer, SED

Nordhausen

Hans Himmler	DDR	VP, Bürm., OB, WiMin. Thür., GDSF, **EH. EHRENBÜRGER**
Herm. O. Willi Schönleiter	DDR	SPD WBZ, Konf. Grotewohl Wennigsen, **GEDENKSTEIN**
Karl Schultes	DDR	Präsidialbü. Brill, KPD, OB,Landr. Nordh., Stellv. Just. minister
Karl Wegmann	DDR	1945 DVP, Kreispolizeidir., BHG Liebenrode
Ludwig Einicke	DDR	1945 Halle Redakteur Volkszeitung, Parteifunktionen
Paul Apel	BRD	1945 Neuaufbau SPD Frankfurt/M
Willi Albrecht	DDR	ArbeitsA. Eft, FDGB Thü, Min. Thü., **EH. STRASSENNAME**

Oberlind

Friedrich Wilh. Sollmann	USA	43 US-Bürgerschaft, 49 Gastprofessor in Köln, **STATUE**

Oberreißen

Paul Bergmann	BRD	Mitglied der Hamburger Bürgerschaft, **STRASSENNAME**

Oberweimar

| Hugo Hose | DDR | 45 Neuaufbau FDGB, 2.Vorsitzender der SVK Weimar |

Pennewitz

| Max Bock | BRD | Gewerkschaft Frankfurt/M u. IG Metall, 1950 Hess. Landtag |

Pößneck

| Gisela Schertling | DDR | 45 Ausb. KatechEis., 56 Kirche Krölpa, **STRASSENNAME** |
| Ludwig Haucke | DDR | 45 SPD, 1946 SED, Gew. Land- und Forstwirtschaft Sachsen |

Rauenstein

| Max Ernst Hahn | DDR | Gärtnerei Teuchern, 66 anerkannt als VdN |
| Albin Tenner | NL | Blieb im Emigrationsland Niederlande |

Ronneburg

| Ernst Oscar Albrecht | DDR | Mitglied Verband Bildender Künstler der DDR |
| Paul Frz. Rudolf Bromme | BRD | 1948 SPD-Vorsitzender Lübeck |

Roßleben

| Hugo Launicke | DDR | BüM Wiehe, Landr. Eckartsberga, **STRASSENNAME** |

Ruhla

| Gertrud Alexander | SU | 45 Sowjetisches Informationsbüro Moskau |

Saalfeld

| Grete Weiskopf | DDR | CS, Washin., Chin. DDR Dt. Ak. KÜ, **ALEX-WEDDING-PREIS** |

Schleusingen

| Renatus Hupfeld | DDR | Unterz. Aufruf Renate Riemeck geg. Verfügng. ü. Atomwaffen |

Schlotheim

| Hugo August Brömmer | DDR | SPD-Parteisekretär Pößneck, 46 Stadtverwaltung Pößneck |

Schmalkalden

| Günter Pappenheim | DDR | SED, SVK Bd Salz., 1960 SED-KL Schmalk. **EHRENBÜRGER** |

Schnauderhainichen

| Leander Kröber | DDR | Wiederaufbau KPD, Bürgerm. Meuselw., Pol.-Dir. Eisenach |

Schönau vor dem Walde

| Heinrich Ernst Siegrist | DDR | 1945 Kulturfunktionär Mecklenburg, 1953 Schriftsteller |

Sömmerda

| Erich Heyl | DDR | Aufb. SED, KL. Weißensee, KL. Eft, KL. Sondh, KL. Nordhausen |

Sondershausen

| August Kroneberg | DDR | SPD, SED, Ausschl., rehab. ‚VdN anerk., **EHRENGRAB** |

Sonneberg

Theo Gundermann	DDR	SPD, SED-Ldr:Sonnebg,Kreisr. Hermsdf. **EH. STRASSENNAME**

Stadtroda

Gertrud Schäfer	DDR	Erst 1949 z. Ev. Pfarrvik. berufen wegen tr. Frau.-Nichtzulassg., **HEIMNAME**

Stützerbach

Eduard Heintz	DDR	Stellv. Vors. Stadtverordnetenvers. Jena, 46 **EHRENBÜRGER**

Sülzhayn

Bruno Plache	DDR	1945 Direktor Sportamt Leipzig, **STADIONNAME**

Suhl

Albert Siebelist	DDR	45 Suhl Werkleiter SAG Haenel
Fritz Sattler	DDR	2.BüM. Suhl,Landr. Eichsf., BüMei Zella-M, **HEIMNAME**
Max Levy-Suhl	NL	im holländischen Exil und versteckt Suicid **GEDENKTAFEL**
Max Urich	BRD	54 Abgeordnetenhaus WB, **STRASSENNAME**

Tunzenhausen

Paul Schuster	DDR	Stadtr. Wohnungsb. Wei, 58 Führungen durch NMG BUWA

Unkeroda

Karl Robert Hermann	DDR	45 OB Eisenach, Landtag, 48 OB Mühlh., **STRASSENNAME**

Unterbodnitz

Erich Hertzsch	DDR	SPD, SED-ex, Theol. Prof. FSU, Friedensrat, Christl. Fried. Konf.

Untermhaus

Hermann Schulze	DDR	1945 Bürgermeister Untermhaus

Unterpörlitz

Hans Hauschulz	DDR	SED, Kreisparteischule, **EH. STRASSENNAME**

Utenbach

Paul Liebetrau	DDR	Bürgermeister von Utenbach

Viernau

Alwin Günther	DDR	KPD-Kreisl. Suhl, 47 Erfurt, SED-KL Eft, 52 IG Metallurgie

Völkershausen

Georg Heinrich Lotz	DDR	45 Mitbegründer VdgB, Landtag, Volkskammer

Voigtstedt

Karl Wagner	DDR	KPD Magdeburg, Kripo, MfS, **EH. STRASSENNAME**

Waltershausen

Ferdinand Jung	DDR	KPD-Bez. ltg Erfurt, Arb. amt Waltershausen, stv. Ld. rat Gotha

Weimar

Alexander K. Ldw. Wessel	BRD	Mit-Gründer der »Volkssolidarität«
Egbert v. Frankenberg	DDR	Mitbegründer der NDPD, Vizepräsisidion Thür. Landtag

Ernst Plaschke	DDR	Mitarbeiter Thür. Wirtschaftsministerium, **EHRENGRAB**
Friedrich Wilh. Heilmann	DDR	Landtag Thüringen, Vors. GDSF, **EHRENGRAB**
Stéphane Frédéric Hessel	F	Mitverf. UNO-Menschenrechtskonvention **STRASSENNAME**
Willy Schmidt	BRD	Mitb. VVN, Hrsg. »Glocke v. Buchenwald«, **STRASSENNAME**
August Frölich	DDR	SPD LTpräs., Ltr Verein. ParTag, **BRIEFMARKE EHRENBÜRG**
Charlotte Küter	DDR	1949 Volkskammer
Emil von Wedel	BRD	Vertreter Hessens i. Länderrat, 49 stv. Reg. Präs. Wiesbaden
Franz Eichhorn	DDR	Führte Besuchergruppen in NMG BuWa, **EHRENGRAB**
Friedr. Wilh. Seidenstücker	DDR	1945 Landesamt f. Land-und Forstwirtsch., Landrat Weimar
Fritz Behr	DDR	1945 OB Weimar, 50 Shakespearegesellschaft
Gerda Peller	DDR	1945 Bezirkshelferin (sozialer Dienst)
Gottlieb Branz	BRD	1945 Stadtrat München, Vors. SPD-Fraktion
Hans Eberling	DDR	1945 KPD Bezirksleitung , 50 Landesleitung FDGB
Hans Hellmich	DDR	1946 BÜMEI Weimar, 50 Kultur RdB, 54 GDSF
Hans Kettel	DDR	1945 Anerkennung VdN, Gemeindekirchenrat Weimar
Hans Neumeister	DDR	1945 Arbeitsamt Weimar, 50 Thür. Min. f. Handel u. Versorg.
Heinz Koch	DDR	64 Parteihochsch. Karl Marx, 70 Stellv. Direktor NMG BUWA

Ingeborg v. Wangenheim	DDR	46 SED, Schauspielerin, Regisseurin, **INSTITUTSNAME**
Karl Völker	DDR	zahlreiche Kunstausstellungen DDR **DAUERAUSSTELLUNG**
Laura Hillman	USA	NY, Kalif., Schok. gesch., Zt. Zeugb. Schriftst. **GEDENKSTELEN**
Otto Karl Anton Schwarz	DDR	46 SED, Kulturb., Lehrst. Bot. FSU Jena, 58 Rektor, VOLKA
Ottomar Rothmann	DDR	Aufb. Kripo, L. Amt L+F Kdlr. Just.,Kons. Gen. **EHRENBÜRGER**
Paul Lewitt	DDR	Schausp. dir. Volksb. Dsd, Gen. int., 52 Theat. d. Freund. Berlin
Richard Kucharczyk	DDR	45 Kripo Wei. Polizeiausbdr., 49 Mitarbeiter NMG, päd. Abt.
Rudolf Glass	DDR	45 Führer von Besuchergruppen durch NMG BUWA
Willi Kropp	DDR	45 KPD Landesleitung Mecklenburg, ADN, ND, **EHRENGRAB**
Willy Hüttenrauch	DDR	45 Landesamt Sozialwesen, 47 Dt. Wirtschaftkommission

Wintersdorf

Alfred Schmidt	DDR	Gewerkschaft Nahrung Genuss Gaststätten, Haft, BRD

Zedlitz

Siegfried Knak	DDR	Bln-Brandbg. Provinzial-Kirche, 1950 Kirchl. Hochsch. Bln

Zeulenroda

Fritz Geißler	DDR	SED, Leiter Abt. Landw., Leiter FDGB, **EHRENGRAB**

Ein reichliches Drittel also hat sich in der Sowjetischen Besatzungszone (SBZ) in dem Deutschland, das ganz neu werden sollte, seinen künftigen schweren Aufgaben gestellt – oft ohne überhaupt die nötigsten Kenntnisse dafür gehabt zu haben. Dabei sind viele Fehler gemacht worden. Und die Partei KPD/seit 1946 SED, der jetzt das Sagen in der Sowjetischen Besatzungszone zugefallen war, hat auch nicht wenige Fehler, unsinnige Entscheidungen und tiefe Verletzungen bei ihrer Personalpolitik bewirkt, die teilweise dramatische Nebenwirkungen erzeugten. Mancher der sich falsch behandelt gefundenen Neuanfänger hat sogar wieder die Segel gestrichen und ist in eine andere Besatzungszone übergewechselt, wo er (zumindest anfänglich) nichts zu befürchten hatte und erst einmal der Gefahr entronnen waren, von sowjetischen Offizieren den Stalinschen Untersuchungsorganen übergeben zu werden.

Da ging es in den westlichen Zonen schon etwas kommoder zu. Dort musste trotz aller Notlagen das Leben erst einmal weitergehen wie gewohnt, nur ohne die größten Machthaber der NSDAP und ihrer Gliederungen. Der »kleine (oder größere) Nazi« oder Mitläufer durfte nicht nur, sondern sollte – soweit fachlich geeignet – weiterhin als Lehrer seine Schulklasse unterrichten, weiterhin seinen Posten im Arbeits- oder Bauamt seines Ortes ausführen, wie bisher als Ortspolizist oder Gefängniswärter für Sicherheit sorgen oder als Richter in Gerichtsangelegenheiten nach dem Bürgerlichen Gesetzbuch Recht sprechen. Selbstverständlich gab es trotzdem sogenannte »Entnazifizierungs-Kommissionen«, in denen ziemlich schnell der kleine Pg. oder der abgeduckte ehemalige Mitläufer seinen »Persil-Schein« erhielt, mit dem er wieder eine gewünschte neue Arbeitsstelle antreten konnte, denn auch in Westdeutschland lagen ja Städte in Trümmern und musste das Leben organisiert werden – das Leben, am besten so wie es in der »Demokratie« vor 1933 gewesen war. Das war die Situation in dem Deutschland, das 1945 am Boden lag: Im Westen hieß es eigentlich nur »mal eine Stufe zurück schalten«, während man sich im Osten vorgenommen hatte, »eine Stufe nach vorn zu schalten«, also eine Gesellschaft zu bauen, in der es nicht wieder zu Faschismus und Krieg kommen konnte.

Die westlichen Entnazifizierungskommissionen hatten es natürlich mit einer größeren Zahl von Nazifunktionären zu tun, denn aus der SBZ hatten sich beträchtliche Zahlen an Nazis der größeren Sorte in den Westen aufgemacht, um »bei den Amerikanern« unterzukommen. Die westlichen Besatzungsmächte hatten zunächst festzustellen, ob sie sich justiziable Gewaltanwendungen hatten zuschulden kommen lassen. In diesem Bereich fanden sich sehr schnell die

Vielen, die sich den »Befehlsnotstand« meinten anzurechnen können. Diese bekamen nach kurzer Zeit ihren »Persil-Schein« ausgestellt und konnten sich wieder ihrem persönlichen und familiären Fortkommen widmen. Es gab allerdings auch einen recht erheblichen Kreis von ehemaligen System-Verstrickten, die in sogenannte »Internierungslager« der westalliierten Streitkräfte eingewiesen wurden und dort auf ihren Prozess vor einem ordentlichen Gericht zu warten hatten. Es konnte freilich dann passieren, dass der neue (alte) Richter den Angeklagten mit einer Geldstrafe oder einer Strafe versehen konnte, die durch die erlittene Untersuchungshaft bereits abgegolten war. Und dann gab es die »ganz großen« Nazis, die weiter auf ihr Verfahren zu warten hatten, in denen sie – sofern noch am Leben – abgeurteilt werden konnten. Die Zahl dieser dann Verurteilten ist recht übersichtlich.

Dann gab es aber auch die wundersame Weiterverwendung ehemaliger Nazis oder durch Naziprotektion groß Gewordenen. Der in US-Kriegsgefangenschaft befindliche Generalmajor der Wehrmacht Reinhard Gehlen wurde bereits Anfang 1946 zum ersten Mann eines westdeutschen Geheimdienstes wiederverwendet, der als »Organisation Gehlen« zum Vorläufer des späteren Bundesnachrichtendienstes wurde. Seine gesammelten Erfahrungen aus seinem Ex-Dienst »Fremde Heere Ost« konnten nun dringlich weiterverwendet werden, denn es ging im beginnenden »Kalten Krieg« weiter gegen den geopolitischen Hauptfeind des Westens, der bereits Hitlers Hauptfeind gewesen war, nachdem er das »Judenproblem« auf seine Weise gelöst hatte: die Sowjetunion.

Ein weiteres Wunder war die bald einsetzende Ausstattung der westdeutschen Administration mit »Fachleuten«, die bereits in der deformierten Weimarer »Demokratie« erstaunliche Karriere gemacht hatten – ohne selbst bekennende Nazis gewesen zu sein: der Ministerialbeamte Josef Maria Globke. Er hatte bereits 1932 die Verabschiedung eines Namensänderungsgesetzes gehändelt, das den Weg für die 1933 einsetzende diskriminierende Judengesetzgebung vorbereitete. In Hitlers Reich wurde er der Texter und Kommentator der Rassegesetze von 1935 mit allen fein ausgedachten praktischen bildnerischen Erfindungen wie dem »Judenstern« und den breit gefächerten Juden-Sortier-Etiketten wie »Halbjuden«, »Vierteljuden« und »Geltungsjuden«, mit denen die verhasste Judenheit in den Griff zu bekommen war. Der erste westdeutsche Nachkriegskanzler Adenauer fand nichts dabei, ihn 1953 zu seiner rechten Hand zu machen, der nun die Personalpolitik der Westrepublik steuerte und die erwünschten Inhalte des Nachrichtendienstes und des Verfassungsschutzes fürsorglich überwachte. Adenauer und Globke waren Parteifreunde der katholischen Zentrums-Partei gewesen.

Dass beim Aufbau einer neuen Bundeswehr-Macht selbstverständlich erfolgreiche Generäle Hitlers und Görings Verwendung fanden, konnte kaum jemanden überraschen. Meist wird an dieser Stelle erwähnt, dass die SED schließlich auch in der Nationalen Volksarmee der DDR solche Generäle verwendete, aber es wird dabei oft »vergessen« zu erwähnen, dass diese Leute als Gefangene der Roten Armee durch Antifa-Schulen gegangen waren und in vielen Fällen zu einer Revision ihres eigenen Denkens und Verhaltens gekommen waren. Und in den entscheidenden Politik-Gremien der ostdeutschen Republik, im Zentralkomitee und im Politbüro der SED saßen zu 90 Prozent keine »bekehrten« Militaristen, sondern Widerstandskämpfer, die in Folterkellern, Zuchthäusern und Konzentrationslagern gelernt hatten, dass in Deutschland vieles ganz anders werden musste als in den drei Jahrzehnten nach der verlorenen Revolution von 1918.

12. Historische Moment-Erfolge

Durch besondere Konstellationen und aufgrund der sich abzeichnenden Schwäche der faschistischen Okkupationstruppen gelang es im Herbst 1944 den Partisanen in Norditalien, eine einwöchige sowie eine mehrwöchige Befreiung von Teilgebieten militärisch durchzusetzen:

Namen der Akteure	Region Kampanien
Antonio Tarsia (?-?) Maddalena Cerasuolo (1920–1999) Gennaro Capuozzo (1932–1943!) Vincenzo Stimolo (1911–1945)	**Vier Tage von Neapel.** Vom 27. bis 30. September 1943 befreite sich die Bevölkerung Neapels von der deutschen Besatzung. Einen Tag darauf, am 1. Oktober 1943, marschierten die ersten alliierten Truppen in Neapel ein. Am 27. September sollten mit einer Razzia 2000 bis 8000 Personen festgenommen und zur Zwangsarbeit deportiert werden. 400 bis 500 bewaffnete Zivilisten widersetzten sich den Truppen und verwickelten sie in schwere Kämpfe, die letztlich zum Erfolg führten.

Namen der Akteure	Region in Norditalien
Ezio Vigorelli (1892-1964) Gianfranco Contini (1912–1990)	Die **Partisanenrepublik Ossola** bestand als befreite Zone im Piemont vom 10. September bis zum 19. Oktober 1944. Sowohl im Rechtswesen wie auch im Erziehungswesen konnten demokratische und sachgerechte Strukturen geschaffen werden. Das kurze soziale und politische Selbstverwaltungsexperiment in der größten befreiten Zone Italiens gilt als demokratische Keimzelle der späteren italienischen Republik. Allein 35.000 Bewohner flohen in den letzten Tagen der Republik Ossola in die Schweizer Kantone Wallis und Tessin durch Tessiner Hilfe für italienische Partisanen. Das Schweizerische Arbeiterhilfswerk (SAH) organisierte im oberen Val d'Ossola den Grenzübertritt der flüchtenden Partisanen und Zivilisten. Die Erwachsenen fanden in Flüchtlingslagern Unterkunft, und 2.500 Kinder im Alter zwischen 5 und 13 Jahren wurden durch Vermittlung der Kinderhilfe des Schweizerischen Roten Kreuzes auf Gastfamilien in der ganzen Schweiz verteilt.
Ferruccio Parri (1890-1981)	Die **Partisanenrepublik Karnien** war eine von Resistenza-Partisanen während des Zweiten Weltkriegs gegründete »freie Zone« (»zona libera«) in Karnien und Oberfriaul in der heutigen Region Julisch Venetien (Norditalien) mit Ampezzo als »Hauptstadt«. Sie existierte vom 26. September bis zum 10. Oktober 1944. Der Wehrmacht gelang es durch den Kampfeinsatz von Tausenden Kosaken (russischen antisowjetischen und profaschistischen Kämpfern) das Ende der Republik durchzusetzen. Die Kämpfe dauerten bis zum 20. Dezember 1944, als die Freie Zone Karnien und Oberfriaul endgültig zu existieren aufhörten. Die Zahl der Toten betrug etwa 900, die Hälfte davon waren Zivilisten.

13. Das Vermächtnis

Von einigen der Widerstandskämpfer sind uns Liedzeilen, Gedichte und Mahn-
worte überliefert, die wir als unseren kostbarsten Schatz aufbewahren, in Erinnerung rufen und bei Gelegenheit laut werden lassen sollten. Ich habe hier
einige zusammengestellt und beginne mit dem musikalischen Gruß von einem
Befreiten an die alliierten Befreier:

Name	Ort und Zeit	Text
Günter Boas (1920–1993)	Walpersberg/ Kahla, April 1945	Als Mitglied des Lagerorchesters begrüßte er die befreienden US-Amerikaner mit **Swingmusik.**
Hannah Szenes (1921–1944)	Budapest, November 1944 geschrieben kurz vor ihrer Hinrichtung	Gesegnet das Streichholz, das sich ver- braucht, indem es die Flamme entzündet. Gesegnet die Flamme, die immer brennt in den innersten Winkeln des Herzens. Gesegnet das Herz, das Würde bewahrt auch in seiner letzten Stunde. Gesegnet das Streichholz, das sich ver- braucht, indem es die Flamme entzündet.

Johann Esser (1896–1971) und Wolfgang Langhoff (1901–1966)

KZ Börgermoor, Sommer 1933

Die Moorsoldaten

Wohin auch das Auge blicket, Moor und Heide nur ringsum. Vogelsang uns nicht erquicket, Erlen stehen kahl und krumm.
|: Wir sind die Moorsoldaten und ziehen mit dem Spaten ins Moor. :|
Hier in dieser öden Heide ist das Lager aufgebaut.
Wo wir fern von jeder Freude hinter Stacheldrahtverhau.
|: Wir sind die Moorsoldaten und ziehen mit dem Spaten ins Moor. :|
Morgens ziehen die Kolonnen in das Moor zur Arbeit hin.
Graben bei dem Brand der Sonnen – doch zur Heimat steht ihr Sinn.
|: Wir sind die Moorsoldaten und ziehen mit dem Spaten ins Moor. :|
Heimwärts, heimwärts jeder sehnet sich zu Eltern, Weib und Kind.
Manche Brust ein Seufzer dehnet, weil wir hier gefangen sind.
|: Wir sind die Moorsoldaten und ziehen mit dem Spaten ins Moor. :|
Auf und nieder gehn die Posten, keiner, keiner kann hindurch, Flucht wird nur das Leben kosten! Vierfach ist umzäunt die Burg.
|: Wir sind die Moorsoldaten und ziehen mit dem Spaten ins Moor. :|

Doch für uns gibt es keine Klagen, ewig kanns nicht Winter sein.
Einmal werden froh wir sagen: Heimat, du bist wieder mein.
Dann ziehn die Moorsoldaten nicht mehr mit dem Spaten ins Moor.

Jura Soyfer (1912–1939)	KZ Dachau, Sommer 1938	»Doch wir haben die Losung von Dachau gelernt, Und wir wurden stahlhart dabei. Bleib ein Mensch, Kamerad, Sei ein Mann, Kamerad, Mach ganze Arbeit, pack an, Kamerad: Denn Arbeit, denn Arbeit macht frei, Denn Arbeit, denn Arbeit macht frei!«
Kamila Emma Rosenbaumová (1908–1988) TEXT und Hans Krása (1899-1944) MUSIK	Prag, 1938	**Brundibár, Oper für Kinder** (zwei Fassungen: Prag 1938, Theresienstadt 1943) (Bote & Bock)
Maurice Druon (1918–2009) und Joseph Kessel (1898–1979)	London 1943	**Le chant des partisans** **Der Gesang der Partisanen** Freund, hörst den schwarzen Flug der Raben* über unseren Ebenen? Freund, hörst du die stillen Schreie des Landes, das man in Ketten legt? Ohe, Partisanen, Arbeiter und Bauern, das ist der Alarm Heute Abend wird der Feind den Preis des Blutes und der und der Tränen erfahren. Steigt aus den Gruben** , kommt von den Hügeln herab Kameraden! Holt eure Gewehre aus den Scheunen***, das Maschinengewehr die Handgranaten. Ohe, Ihr, die mit Kugeln oder dem Messer tötet, macht schnell. Ohe, Saboteur; Pass auf deine Last auf: Dynamit...

Das sind wir, die die Gitter der Gefängnisse
für unsere Brüder zerbrechen,
der Hass an unseren Fersen und der Hunger,
der uns antreibt, das Elend.
Es gibt Länder, wo die Menschen in ihren
Betten träumen,
hier, wir, schau hin, wir marschieren und wir
töten, wir krepieren.
Ja, wir krepieren.
Hier weiß jeder was er will, was er tut, wenn
er vorbeikommt.
Freund, wenn du fällst, wird ein Freund aus
dem Schatten heraus an Deinen Platz treten.
Morgen wird schwarzes Blut in der warmen
Sonne auf den Straßen trocknen
Singt, Gefährten, bei Nacht hört uns die
Freiheit zu...
Singt los, singt
singt, Gefährten

Quellen

- Antifa, Zeitschrift
- Arolsen Archive
- Benz, Lexikon des deutschen Widerstands
- Biografisches Wörterbuch des jüdischen Widerstands
- Der antifaschistische Kampf in Mecklenburg
- Gedenkstätten für die Opfer des NS I+II
- Gedenkstätten, Urania
- Heimatgeschichtlicher Wegweiser Baden-Württemberg I
- Heimatgeschichtlicher Wegweiser Niedersachsen I
- Heimatgeschichtlicher Wegweiser Thüringen
- Heinz Grün Bürger aus Jena und Umgebung im Widerstand
- http://wiki.drafd.org/index.php?title=Personen:Alphabetisch#A
- https://de.wikipedia.org/wiki Liste von Angehörigen und Anhängern der KPD, die während der Zeit der Weimarer Republik bei politischen Auseinandersetzungen gewaltsam zu Tode kamen
- https://encyclopedia.ushmm.org/content/en/article/naZZi-persecution-of-jehovahs-witnesses
- https://en-gariwo-net.translate.goog/righteous/shoah-and-naZZism/robert-petersen-24215.html?_x_tr_sl=en&_x_tr_tl=de&_x_tr_hl=de&_x_tr_pto=sc
- https://fusilles--40--44-maitron-fr.translate.goog/?mot9451&lettre=%5E%5BhH%5D&_x_tr_sl=fr&_x_tr_tl=de&_x_tr_hl=de&_x_tr_pto=sc
- https://juedisches-dortmund.de/winZZen/
- https://resistancepasdecalais.fr/resistant-e-s-a-d/
- https://www.gdw-berlin.de/vertiefung/biogRAFUKien/personenverzeichnis/biogRAFUKie/view-bio/wolfgang-abendroth/?no_cache=1
- https://www.gedenkorte-europa.eu/de_de/article-bomba-abraham-1913-ndash-2000.html
- https://www.resistance60.fr/b
- https://www-memoresist-org.translate.goog/ne-les-oublions-pas/?_x_tr_sl=fr&_x_tr_tl=de&_x_tr_hl=de&_x_tr_pto=sc

- Jehovas Zeugen in Deutschland, Selters im Taunus
- Kürschner, Totschweigen ist die passive Form von Rufmord
- Liste der Mitglieder der Bekennenden Kirche Schleswig-Holstein
- Liste der Webicht-Toten Weimar
- Onlineprojekt Gefallenendenkmäler
- Personenarchiv Prager-Haus
- Schriftdokumentenarchiv der KZ-Gedenkstätte Neuengamme
- Stegmann, Der Kirchenkampf
- Theresienstädter Totenbuch
- Thüringer Gratwanderungen
- Verband Deutscher in der Résistance in den Streitkräften der Antihitler-koalition und der Bewegung »Freies Deutschland«
- Wer war er in der DDR?
- Wikipedia
  - https://www.memoresist.org/ne-les-oublions-pas/
  - Ceux_de_la_Résistance
  - Compagnon de la Libération
  - Fluchthilfe
  - Francs-tireurs_et_Partisans
  - https://maitron.fr/spip.php?mot8232
  - Kategorie: Résistancekämpfer
  - Lettere di CFDGannati a morte della resistenza Europea
  - Liste der Attentate auf Adolf Hitler
  - Liste der Mitglieder des Réseau Ceux de la Manipule
  - Liste_der_Mitglieder_des_Réseau_Brutus
  - Liste_der_Mitglieder_des_Réseau_Comète
  - www.ordredelaliberation.fr
  - www.resistance-brest.net
- Zeugen Jehovas in Thüringen